对接世界技能大赛技术标准创新系列教材

技工院校一体化课程教学改革汽车维修专业教材

汽车空调简单故障检修

人力资源社会保障部教材办公室　组织编写

中国劳动社会保障出版社

内容简介

本套教材为对接世赛标准深化一体化专业课程改革汽车维修专业教材，学习内容对接世赛汽车技术、车身修理、汽车喷漆项目，学习目标融入世赛要求，考核标准对接世赛技能标准，考核评价方法参照世赛评分方案，并设置了世赛知识栏目。

本书主要内容包括汽车空调异味故障检修、汽车空调不制冷故障检修、汽车空调鼓风机不工作故障检修等。

图书在版编目（CIP）数据

汽车空调简单故障检修 / 人力资源社会保障部教材办公室组织编写. -- 北京：中国劳动社会保障出版社，2021

对接世界技能大赛技术标准创新系列教材　技工院校一体化课程教学改革汽车维修专业教材

ISBN 978-7-5167-5037-7

Ⅰ. ①汽…　Ⅱ. ①人…　Ⅲ. ①汽车空调－检修－技工学校－教材　Ⅳ. ①U472.41

中国版本图书馆 CIP 数据核字（2021）第 175534 号

中国劳动社会保障出版社出版发行

（北京市惠新东街 1 号　邮政编码：100029）

*

北京市白帆印务有限公司印刷装订　新华书店经销

880 毫米 ×1230 毫米　16 开本　8.5 印张　194 千字

2021 年 9 月第 1 版　2023 年 12 月第 3 次印刷

定价：29.00 元

营销中心电话：400-606-6496

出版社网址：http://www.class.com.cn

http://jg.class.com.cn

对接世界技能大赛技术标准创新系列教材

编审委员会

主　任：刘　康

副主任：张　斌　王晓君　刘新昌　冯　政

委　员：王　飞　翟　涛　杨　奕　张　伟　赵庆鹏　姜华平

　　　　杜庚星　王鸿飞

汽车维修专业课程改革工作小组

课 改 校：杭州技师学院　重庆五一技师学院

　　　　　云南交通技师学院　山东工程技师学院　广东省机械技师学院

　　　　　广州市工贸技师学院　山西交通技师学院　大连交通技师学院

　　　　　广州市交通技师学院　江苏省盐城技师学院

技术指导：郭七一

编　　辑：马　琳

本书编审人员

主　编：杨　洋

参　编：刘晓明　程　翔

序

世界技能大赛由世界技能组织每两年举办一届，是迄今全球地位最高、规模最大、影响力最广的职业技能竞赛，被誉为“世界技能奥林匹克”。我国于 2010 年加入世界技能组织，先后参加了五届世界技能大赛，累计取得 36 金、29 银、20 铜和 58 个优胜奖的优异成绩。第 46 届世界技能大赛将在我国上海举办。2019 年 9 月，习近平总书记对我国选手在第 45 届世界技能大赛上取得佳绩作出重要指示，并强调，劳动者素质对一个国家、一个民族发展至关重要。技术工人队伍是支撑中国制造、中国创造的重要基础，对推动经济高质量发展具有重要作用。要健全技能人才培养、使用、评价、激励制度，大力发展技工教育，大规模开展职业技能培训，加快培养大批高素质劳动者和技术技能人才。要在全社会弘扬精益求精的工匠精神，激励广大青年走技能成才、技能报国之路。

为充分借鉴世界技能大赛先进理念、技术标准和评价体系，突出“高、精、尖、缺”导向，促进技工教育与世界先进标准接轨，完善我国技能人才培养模式，全面提升技能人才培养质量，人力资源社会保障部于 2019 年 4 月启动了世界技能大赛成果转化工作。根据成果转化工作方案，成立了由世界技能大赛中国集训基地、一体化课改学校，以及竞赛项目中国技术指导专家、企业专家、出版集团资深编辑组成的对接世界技能大赛技术标准深化专业课程改革工作小组，按照创新开发新专业、升级改造传统专业、深化一体化专业课程改革三种对接转化原则，以专业培养目标对接职业描述、专业课程对接世界技能标准、课程考核与评价对接评分方案等多种操作模式和路径，同时融入健康与安全、绿色与环保及可持续发展理念，开发与世界技能大赛项目对接的专业人才培养方案、教材及配套教学资源。首批对接 19 个世界技能大赛项目共 12 个专业的成果将于 2020—2021 年陆续出版，主要用于技工院校日常专业教学工作中，充分发挥世界技能大赛成果转化对技工院校技能人才的引领示范作用。在总结经验及调研的基础上选择新的对接项目，陆续启动第二批等世界技能大赛成果转化工作。

希望全国技工院校将对接世界技能大赛技术标准创新系列教材，作为深化专业课程建设、创新人才培养模式、提高人才培养质量的重要抓手，进一步推动教学改革，坚持高端引领，促进内涵发展，提升办学质量，为加快培养高水平的技能人才作出新的更大贡献！

2020年11月

汽车维修专业一体化教学参考书目录（中级阶段）

序号	书名
1	汽车文化（第二版）
2	机械识图（第四版）
3	机械基础（第四版）
4	电工与电子技术基础（第四版）
5	汽车材料（第四版）
6	钳工技能训练（第四版）
7	汽车维修企业管理（第二版）
8	汽车发动机构造与维修（第二版）
9	汽车底盘构造与维修（第二版）
10	汽车电气设备构造与维修（第二版）
11	汽车维护与故障诊断（第三版）
12	汽车构造（第三版）
13	汽车维护
14	汽车空调
15	汽车电气设备（第二版）
16	汽车维修技术手册

目　录

学习任务一　汽车空调异味故障检修

1. 能识别汽车空调系统的组成及各部件的安装位置。
2. 能描述汽车空调通风系统各部件的作用、组成及结构。
3. 能描述汽车空调滤清器的作用及安装位置。
4. 能进行汽车空调滤清器的检查与更换。
5. 能指出汽车空调通风管道的通风路径。
6. 能完成汽车空调通风管道异味故障分析，以及汽车空调通风管道的检查与清洗。
7. 能完成汽车空调蒸发器异味故障分析，以及汽车空调蒸发器的拆装与清洗。
8. 能对维修场地设备进行日常维护保养，按 6S 管理规定要求清理现场。
9. 能对相关资料进行检索，完成维修工单、工作页的填写。
10. 能展示工作成果，进行任务评价，总结工作经验，优化检修方案。
11. 能在作业过程中严格执行企业操作规范、安全生产制度、环保管理制度，严格遵守从业人员的职业道德，具有吃苦耐劳、爱岗敬业的工作态度和职业责任感。

20 学时。

一辆装有手动空调的上汽通用威朗轿车，在冬季行驶过程中，汽车空调各出风口吹出的暖风有发霉的味道。故障具体表现为关闭车门，启动发动机，打开空调制冷功能运行一段时间无异味，但再开启暖风，空调出风口吹出的暖风有发霉的味道。经维修技师检查初步判断为汽车空调蒸发器脏污霉变，汽车维修人员需要根据维修手册相关要求，在规定时间内，参照维修资料完成汽车空调系统的检查与零部件的更换工作，自检合格后交付班组长验收。

工作流程与活动

1．汽车空调通风系统部件认知（2 学时）

2．汽车空调滤清器的检查与更换（2 学时）

3．汽车空调通风管道的检查与清洗（6 学时）

4．汽车空调蒸发器的拆装与清洗（8 学时）

5．工作总结与评价（2 学时）

思维导图

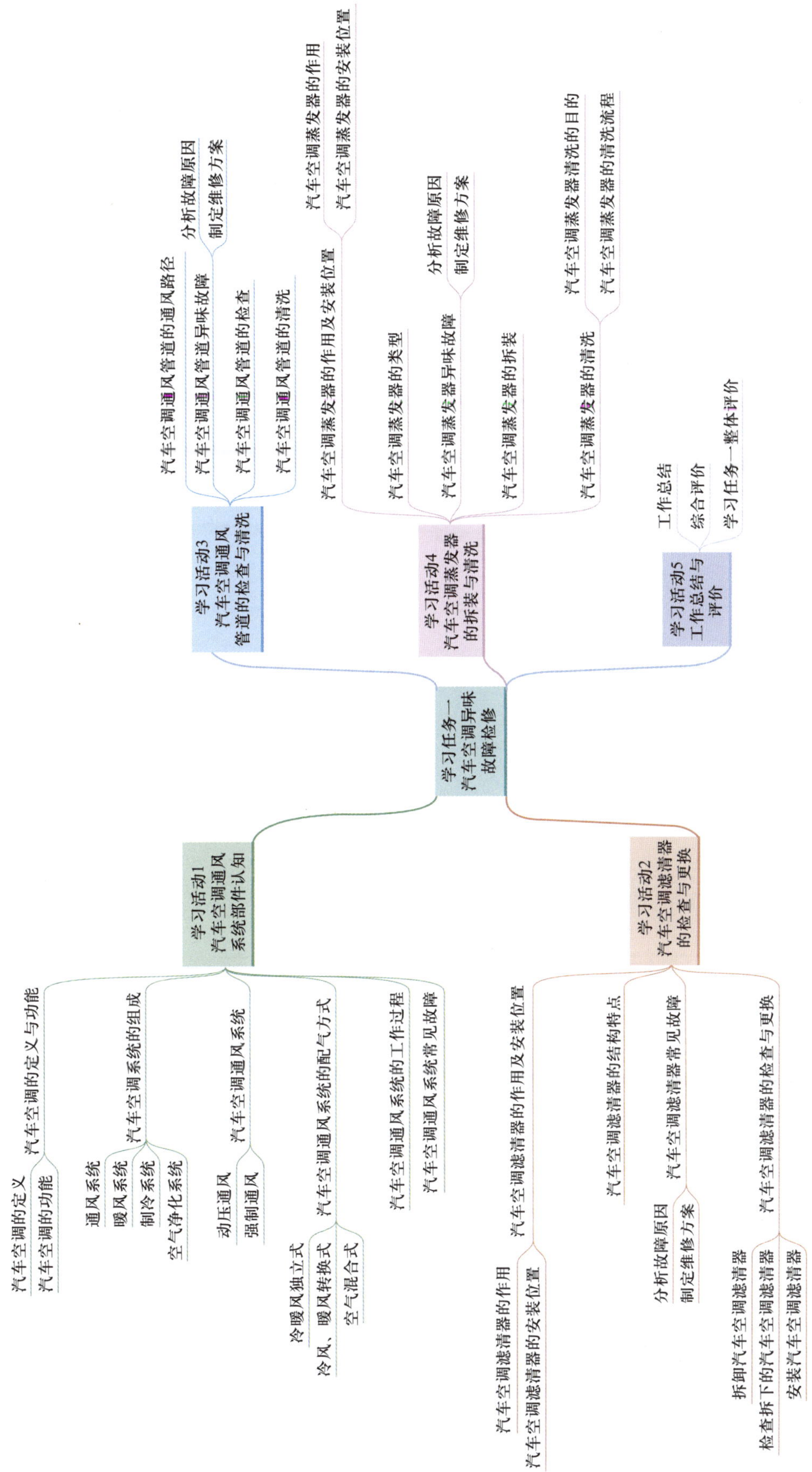

- 学习任务一 汽车空调异味故障检修
  - 学习活动1 汽车空调通风系统部件认知
    - 汽车空调的定义与功能
      - 汽车空调的定义
      - 汽车空调的功能
    - 汽车空调系统的组成
      - 通风系统
      - 暖风系统
      - 制冷系统
      - 空气净化系统
    - 汽车空调通风系统
      - 动压通风
      - 强制通风
    - 汽车空调通风系统的配气方式
      - 冷暖风独立式
      - 冷风、暖风转换式
      - 空气混合式
    - 汽车空调通风系统的工作过程
    - 汽车空调通风系统常见故障
  - 学习活动2 汽车空调滤清器的检查与更换
    - 汽车空调滤清器的作用及安装位置
      - 汽车空调滤清器的作用
      - 汽车空调滤清器的安装位置
    - 汽车空调滤清器的结构特点
    - 汽车空调滤清器常见故障
      - 分析故障原因
      - 制定维修方案
    - 汽车空调滤清器的检查与更换
      - 拆卸汽车空调滤清器
      - 检查拆下的汽车空调滤清器
      - 安装汽车空调滤清器
  - 学习活动3 汽车空调通风管道的检查与清洗
    - 汽车空调通风管道的通风路径
    - 汽车空调通风管道异味故障
      - 分析故障原因
      - 制定维修方案
    - 汽车空调通风管道的检查
    - 汽车空调通风管道的清洗
  - 学习活动4 汽车空调蒸发器的拆装与清洗
    - 汽车空调蒸发器的作用及安装位置
      - 汽车空调蒸发器的作用
      - 汽车空调蒸发器的安装位置
    - 汽车空调蒸发器的类型
    - 汽车空调蒸发器异味故障
      - 分析故障原因
      - 制定维修方案
    - 汽车空调蒸发器的拆装
    - 汽车空调蒸发器的清洗
      - 汽车空调蒸发器清洗的目的
      - 汽车空调蒸发器的清洗流程
  - 学习活动5 工作总结与评价
    - 工作总结
    - 综合评价
    - 学习任务一整体评价

学习活动1　汽车空调通风系统部件认知

1. 能描述汽车空调的定义与功能。
2. 掌握汽车空调系统的组成。
3. 能描述汽车空调通风系统各部件的作用、组成及结构。
4. 能描述汽车空调通风系统的工作过程。
5. 掌握汽车空调通风系统常见故障。

建议学时：2学时。

学习过程

一、汽车空调的定义与功能

1．汽车空调的定义

查阅资料，写出汽车空调的定义。

____

____

____

2．汽车空调的功能

汽车空调的主要功能如下：

（1）调节车内__________，做到冬暖夏凉。

（2）调节车内空气的__________。

（3）提供合适的__________与__________。

（4）__________，保证车内空气的__________。

二、汽车空调系统的组成

汽车空调系统由通风系统、暖风系统、制冷系统和空气净化系统组成。

1．通风系统

通风系统的作用是在汽车行驶时保证______，即对汽车室内不断加入________，驱排混有__________、__________及来自发动机的有害气体，如图 1–1–1 所示。

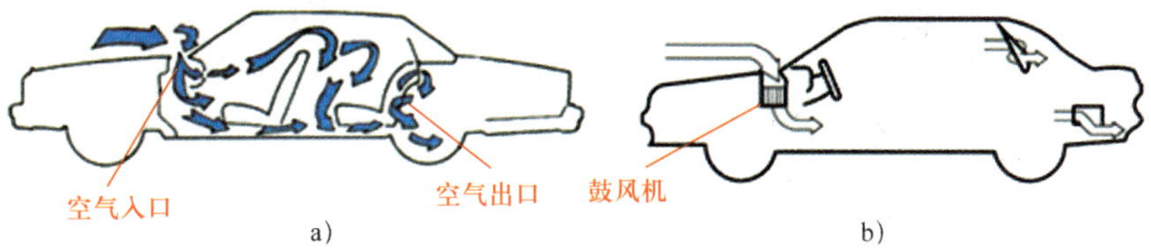

空气入口　空气出口　鼓风机

a)　b)

图 1–1–1　通风系统

a）动压通风　b）强制通风

2．暖风系统

暖风系统的作用是对__________的空气或由__________进入汽车室内的新鲜空气进行________________，达到__________、__________的目的，如图 1–1–2 所示。

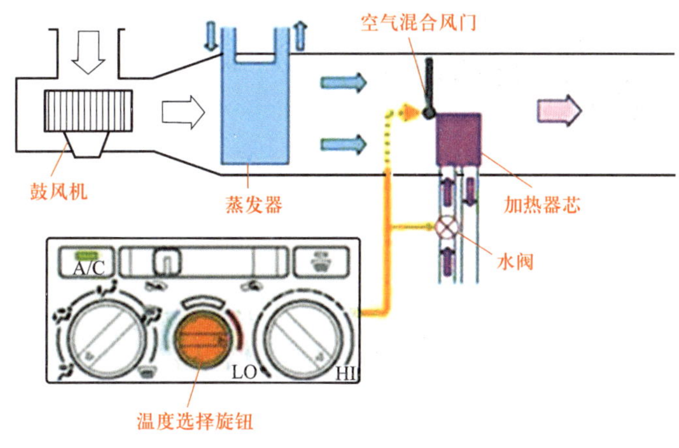

图 1–1–2　暖风系统

3．制冷系统（见图 1–1–3）

制冷系统的作用是在车外环境温度______时降低______，使乘客感到______、舒适。汽车空调制冷系统由____________、____________、____________、____________、膨胀阀、储液干燥器、____________气体管路、____________和____________等组成。

4．空气净化系统

空气净化系统的作用是对引入的空气进行________，并不断排除车内的污浊气体，保持车内空气________，如图 1–1–4 所示。

汽车空调系统的车身布置形式如下：

对于不同的________和不同的________类型，因其结构、性能和使用环境的不同，空调系统的__________也不尽相同。轿车要求结构________、质量小、舒适和________，因此，轿车空调系统的设计原则是在____________的前提下尽可能简单、____________。

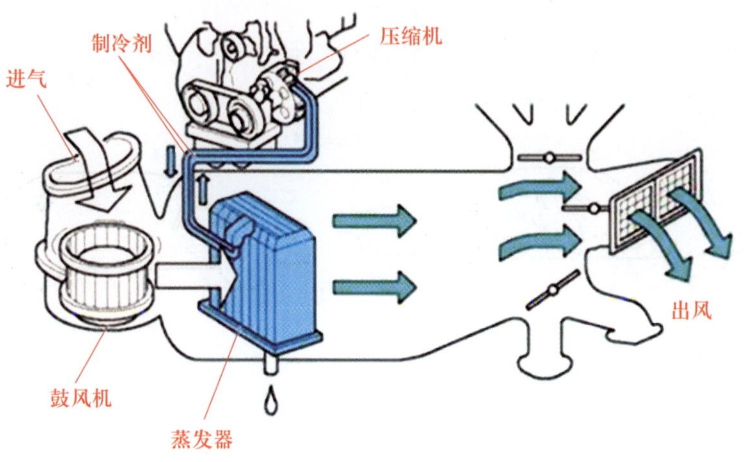

图 1-1-3　制冷系统

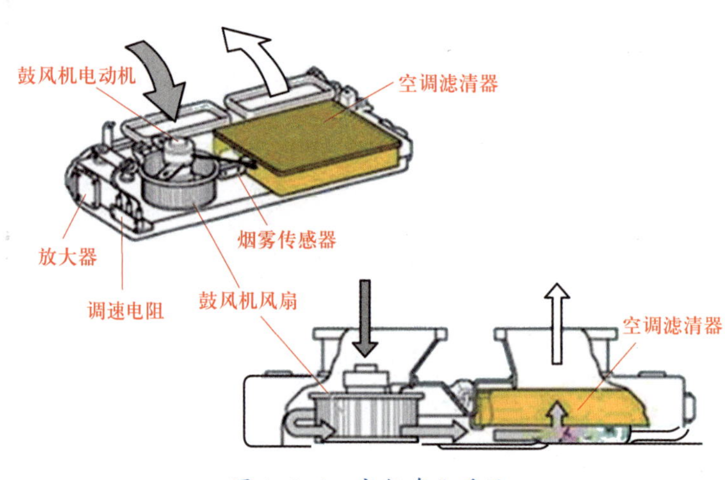

图 1-1-4　空气净化系统

查阅资料，写出图 1-1-5 所示汽车空调系统中各组成部件的名称。

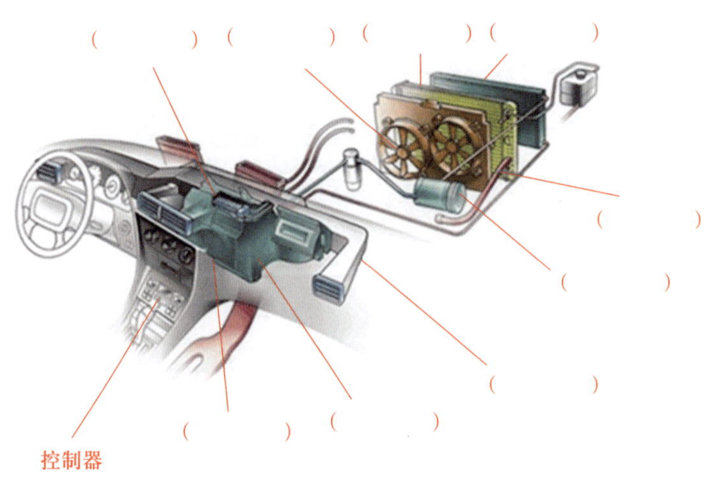

图 1-1-5　汽车空调系统各组成部件的名称

三、汽车空调通风系统

汽车空调通风系统的主要功能是________，将车外的______空气引入车内，将车内的________空气排出车外，使车内的空气保持新鲜，提高汽车的________。同时，通风系统还具有________的作用。目前，汽车上的通风方式有两种（见图 1-1-1）：一种是利用汽车行驶中产生的________进行通风；另一种是利用汽车上的________进行强制________。

1．动压通风

动压通风又称______________，是利用汽车在行驶时空气对汽车外部所产生的风压，通过进风口和排风口，实现________。一般车身大部分是__________，仅前风窗玻璃及前围板上部等少部分为__________，在设置时要求__________必须装在正压区，排风口装在__________，以便利用汽车行驶时所产生的动压而引入大量的____________。

2．强制通风

强制通风时采用鼓风机的__________将外界新鲜空气引入车内。__________安装在进风口处，如图 1-1-1b 所示。这种通风方式不受________________限制，通风__________。目前，汽车空调系统一般采用鼓风机进行强制通风。

汽车行驶时，强制通风和动压通风__________，又称__________。

四、汽车空调通风系统的配气方式

汽车空调不仅能将新鲜空气引入车厢内，而且能将________、热风、________有机地进行________，形成________的气流吹出。汽车空调通风系统常见的配气方式有冷暖风独立式，冷风、暖风转换式，空气混合式三种。

1．冷暖风独立式

冷暖风独立式是指制冷和暖风两套机构完全______________，温度控制系统也__________，制冷完全是内循环（吸入车内空气），采暖可用______________，也可吸入车外__________，如图 1-1-6 所示。

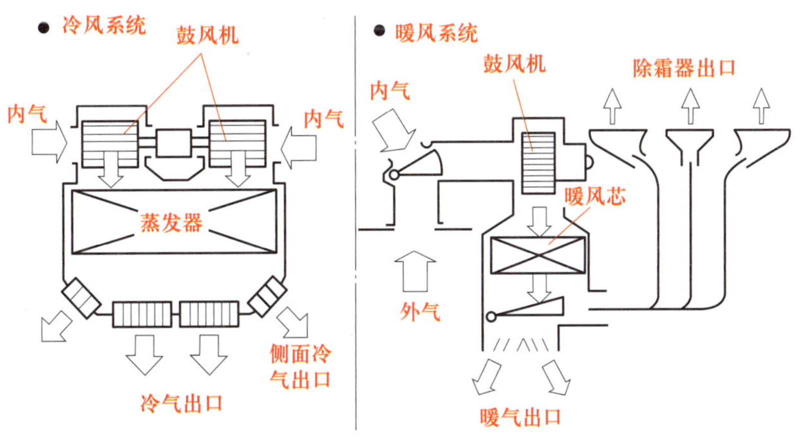

图 1-1-6　冷暖风独立式

2．冷风、暖风转换式

冷风、暖风转换式是指在暖风机的基础上增加________芯及________出风口，但制冷工作与采暖工作各自________，不能同时工作。车内部分形状根据下部空间设计，由几部分拼接而成，如图 1–1–7 所示。

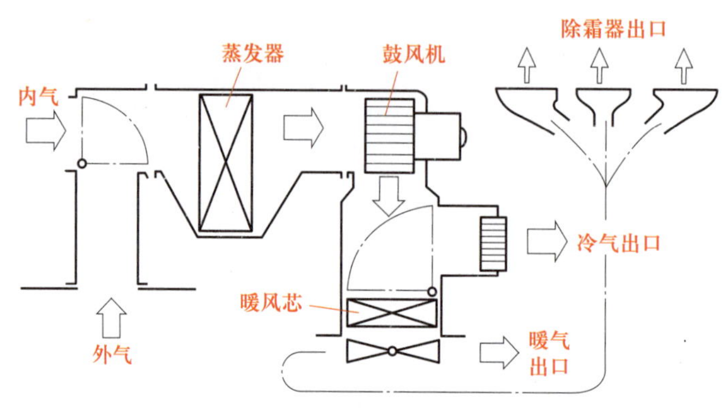

图 1–1–7　冷风、暖风转换式

3．空气混合式

制冷和采暖完全用________控制系统，________和制冷可同时工作，从冷到热温度____________。车内部分形状根据仪表板下方的空间设计，是一个整体的________。目前，很多车辆采用这种配气方式。在________与________之间设置了可连续改变角度的混合风门，从蒸发器出来的________可根据需要全部或部分通过暖风芯（加热器），这种调温、调湿空调可__________使用。

查阅资料，标出图 1–1–8 所示的空气混合式通风系统各组成部分的名称。

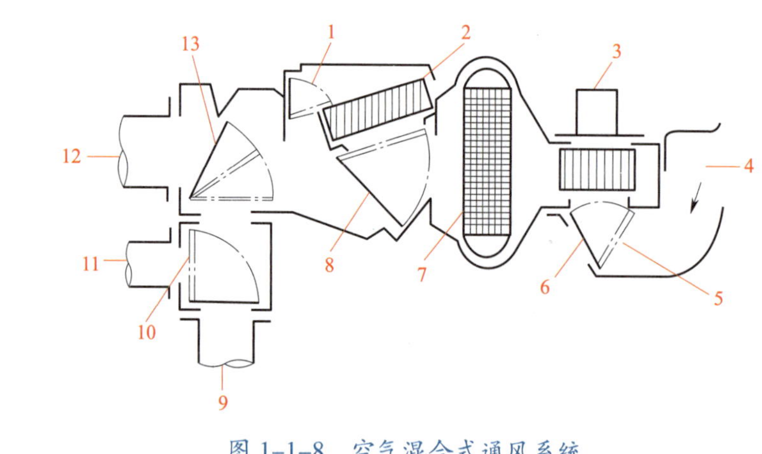

图 1–1–8　空气混合式通风系统

1—__________　2—__________　3—__________　4—__________　5—__________

6—__________　7—__________　8—__________　9—__________　10—__________

11—__________　12—__________　13—__________

空气混合式通风系统一般由三部分组成：第一部分为空气________，主要由气源门和伺服器组成，用来控制________空气和室外________空气进入；第二部分为________混合段，主要由________、________和调温风门

（混合风门）组成，用来调节所需的空气流量；第三部分为空气________，分别可使空气吹向________、脚部和________上，主要包括________（至面板风口）、________（至底板风口）、________和上、中、下风口。

五、汽车空调通风系统的工作过程

汽车空调通风系统的工作过程分为三个阶段，分别是空气进入段、空气混合段和空气分配段。

1．空气进入段的气源门用于控制________和________的循环比例。

2．空气混合段的________门主要用于调节通过________的空气流量，实现________的变化。

3．空气分配段的________、________、________，可调节空调风吹向__________、乘员的__________或________。

六、汽车空调通风系统常见故障

汽车通风系统的故障现象如下：

1．出风口________________。

2．风量________或不按________配风。

一般在检修通风系统故障时，首先要考虑________的原因，再考虑________与配气方式的________。

七、学习过程评价

学习过程评价见表 1-1-1。

表 1-1-1　　学习过程评价表

班级		姓名		学号		日期	年　月　日
序号	评价要点				配分	得分	总评
1	能正确识读和填写工作页，明确学习活动要求				10		A □（86 ~ 100） B □（76 ~ 85） C □（60 ~ 75） D □（60 以下）
2	能查阅资料，写出汽车空调的定义与功能				10		
3	能查阅资料，写出汽车空调系统的组成及安装位置				10		
4	能查阅资料，写出汽车空调通风系统的功能及类型				10		
5	能查阅资料，写出汽车空调通风系统的配气方式				15		
6	能查阅资料，分析汽车空调通风系统的工作过程				15		
7	能遵守劳动纪律，以积极的态度接受工作任务				10		
8	能积极参与小组讨论，发挥团队合作精神				10		
9	能及时完成教师布置的任务				10		
总　分					100		
小结建议							

学习活动 2　汽车空调滤清器的检查与更换

学习目标

1. 能描述汽车空调滤清器的作用及安装位置。
2. 能描述汽车空调滤清器的结构特点。
3. 能分析汽车空调滤清器常见故障。
4. 能完成汽车空调滤清器的检查与更换。

建议学时：2 学时。

学习过程

一、汽车空调滤清器的作用及安装位置

1．汽车空调滤清器的作用

汽车空调滤清器俗称__________，其作用是________从外界进入车厢内部的空气，使空气的洁净度提高，过滤物质是指空气中所包含的__________、__________、花粉、__________、工业废气和__________等。

2．汽车空调滤清器的安装位置

汽车空调滤清器的安装位置如图 1-2-1 所示，一般安装在汽车___________位前的__________________________位置。

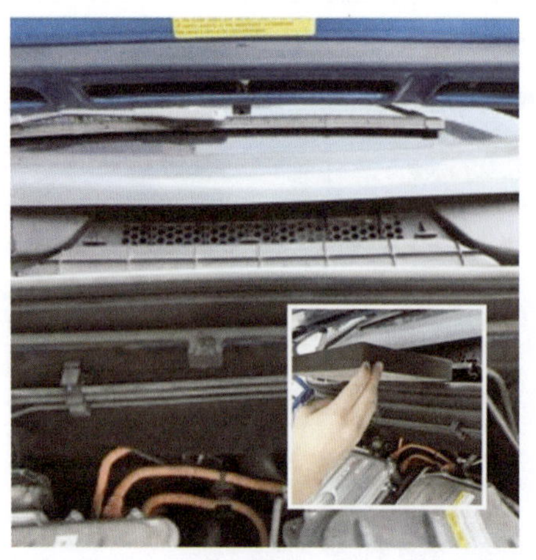

图 1-2-1　汽车空调滤清器的安装位置

二、汽车空调滤清器的结构特点

汽车空调滤清器一般分为两类，分别是____________和____________空调滤清器。普通型空调滤清器是由一种特定的________过滤材料经过加工________后做成的，多为____________。活性炭系列空调滤清器（见图 1-2-2）是由两面________复合，中间夹有微小的活性炭颗粒做成的__________________，再深加工制作成________________，可以有效过滤车内空气中的__________以及花粉。

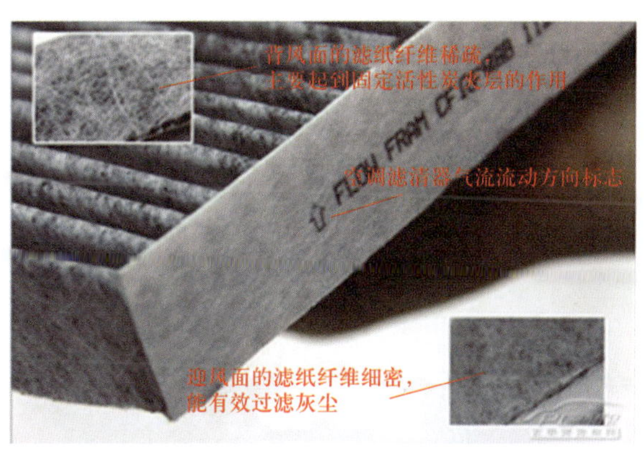

图 1-2-2　活性炭系列空调滤清器

空调滤清器的更换周期一般为一年或行驶______________km 时更换，也可根据外界环境来定，如果环境________对比大，常年气候干燥，________________，应提前________。

三、汽车空调滤清器常见故障

1．分析故障原因

查阅资料，在表 1-2-1 中写出汽车空调滤清器常见故障可能的故障原因。

表 1-2-1　分析故障原因

故障现象	可能的故障原因
空调的挡位已经开到最大，但是制冷或制热的出风量很小	
空调工作时吹出的风有异味	
更换空调滤清器后，打开内循环时仍然有异味	

2．制定维修方案

根据任务要求，制定故障维修方案。

（1）根据具体工作内容，明确小组成员分工，填写表 1–2–2。

表 1–2–2　小组成员分工

姓名	分工

（2）根据要求列出维修所需主要工具及材料清单，填写表 1–2–3。

表 1–2–3　维修所需主要工具及材料清单

序号	工具及材料名称	单位	数量	备注

（3）根据小组分工情况及客户要求，制定具体的维修工序，填写表 1–2–4。

表 1–2–4　维修工序安排

序号	维修工序内容	备注

四、汽车空调滤清器的检查与更换

1．拆卸汽车空调滤清器

（1）关闭__________，如图 1–2–3 所示。

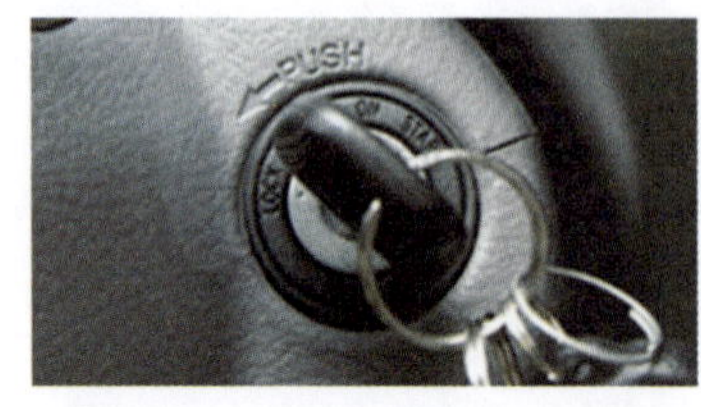

图 1–2–3

（2）打开手套箱，滑下____________，如图 1-2-4 所示。

（3）__________推动手套箱的两边，______________，如图 1-2-5 所示。

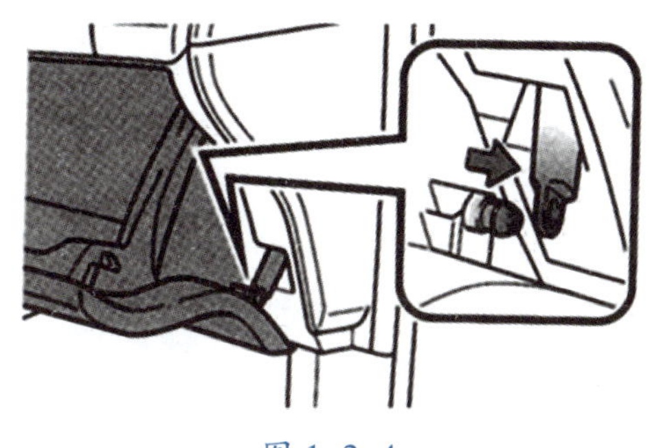

图 1-2-4

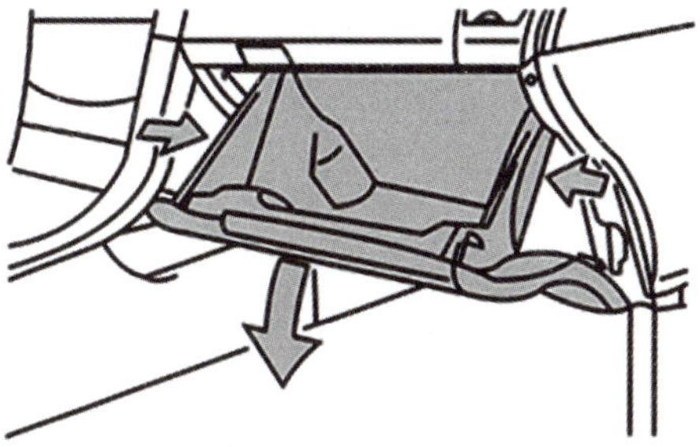

图 1-2-5

（4）拆下________________，如图 1-2-6 所示。

（5）取出______________________，如图 1-2-7 所示。

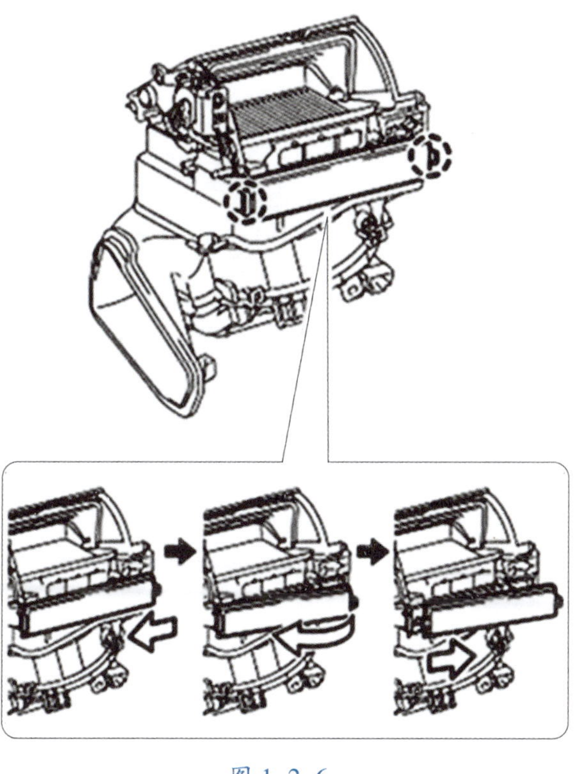

图 1-2-6

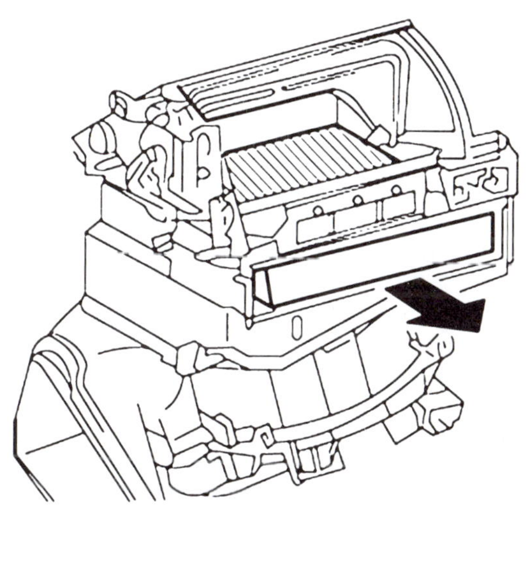

图 1-2-7

2．检查拆下的汽车空调滤清器

（1）如果汽车空调滤清器使用的里程数不足____________，并且汽车空调滤清器表面有__________覆盖，考虑__________汽车空调滤清器。

（2）清洁汽车空调滤清器时，通常使用________从______向汽车空调滤清器方向吹气，气枪与汽车空调滤清器应保持________距离，用________kPa 的压缩空气吹____________，如图 1-2-8 所示。

（3）如果汽车空调滤清器使用里程数________________或者汽车空调滤清器________________，需更换汽车空调滤清器。

（4）更换汽车空调滤清器时，先要________新的汽车空调滤清器。

1）检查新的汽车空调滤清器的________是否正确，如图 1–2–9 所示。

图 1–2–8　清洁汽车空调滤清器

图 1–2–9

2）检查新的汽车空调滤清器____________，如图 1–2–10 所示。

3．安装汽车空调滤清器

（1）按照______________方向安装汽车空调滤清器，如图 1–2–11 所示。

图 1–2–10

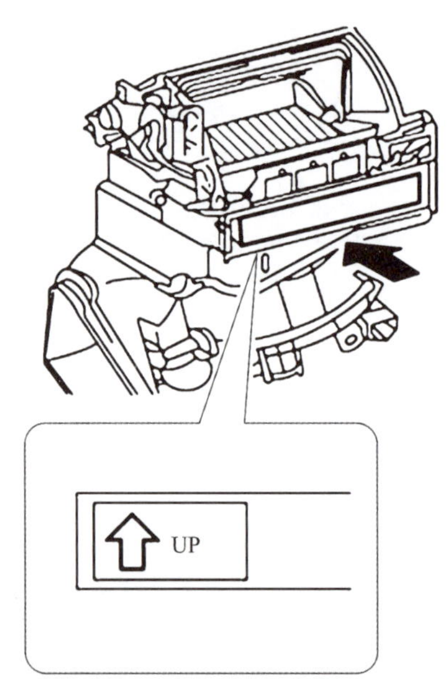

图 1–2–11

（2）安装空调______________，如图 1–2–6 所示。

（3）安装________________。

五、学习过程评价

学习过程评价见表 1–2–5。

表 1-2-5　　学习过程评价表

<table>
<tr><td>班级</td><td></td><td>姓名</td><td></td><td>学号</td><td></td><td>日期</td><td>年　月　日</td></tr>
<tr><td>序号</td><td colspan="5">评价要点</td><td>配分</td><td>得分</td><td>总评</td></tr>
<tr><td>1</td><td colspan="5">能正确识读和填写工作页，明确学习活动要求</td><td>10</td><td></td><td rowspan="9">A □（86 ~ 100）
B □（76 ~ 85）
C □（60 ~ 75）
D □（60 以下）</td></tr>
<tr><td>2</td><td colspan="5">能查阅资料，写出汽车空调滤清器的作用及安装位置</td><td>10</td><td></td></tr>
<tr><td>3</td><td colspan="5">能查阅资料，写出汽车空调滤清器的结构特点</td><td>10</td><td></td></tr>
<tr><td>4</td><td colspan="5">能查阅资料，分析汽车空调滤清器常见故障原因，制定维修方案</td><td>15</td><td></td></tr>
<tr><td>5</td><td colspan="5">能查阅维修手册，完成汽车空调滤清器的检查与更换</td><td>25</td><td></td></tr>
<tr><td>6</td><td colspan="5">能遵守劳动纪律，以积极的态度接受工作任务</td><td>10</td><td></td></tr>
<tr><td>7</td><td colspan="5">能积极参与小组讨论，发挥团队合作精神</td><td>10</td><td></td></tr>
<tr><td>8</td><td colspan="5">能及时完成教师布置的任务</td><td>10</td><td></td></tr>
<tr><td colspan="6">总　分</td><td>100</td><td></td></tr>
<tr><td>小结
建议</td><td colspan="8"></td></tr>
</table>

学习活动 3　汽车空调通风管道的检查与清洗

学习目标

1. 能指出汽车空调通风管道的通风路径。
2. 能完成汽车空调通风管道异味故障分析。
3. 能完成汽车空调通风管道的检查与清洗。

建议学时：6 学时。

学习过程

一、汽车空调通风管道的通风路径

从图 1–3–1 中可以看出，________强制空气循环运动，空气经________口被吸入，流经________时被加热，并由出风口吹出，进入车内取暖或为风窗玻璃除霜。

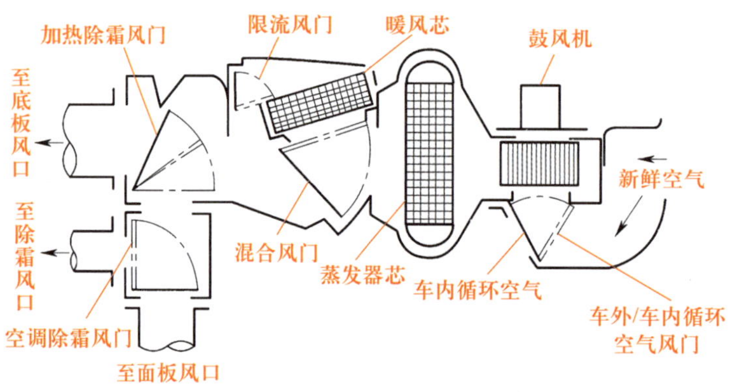

图 1–3–1　汽车空调通风管道的通风路径

1．查阅资料，标出图 1–3–2 中汽车空调通风管道各组成部分的名称。

2．根据图 1–3–3 所示的汽车空调通风管道的工作原理，回答下列问题。

车厢内的通风是通过__________把新鲜空气吸入通风系统，经过________进行__________后的冷空气通过__________送往各个出风口。

3．写出图 1–3–4 中，各序号所对应的出风口名称。

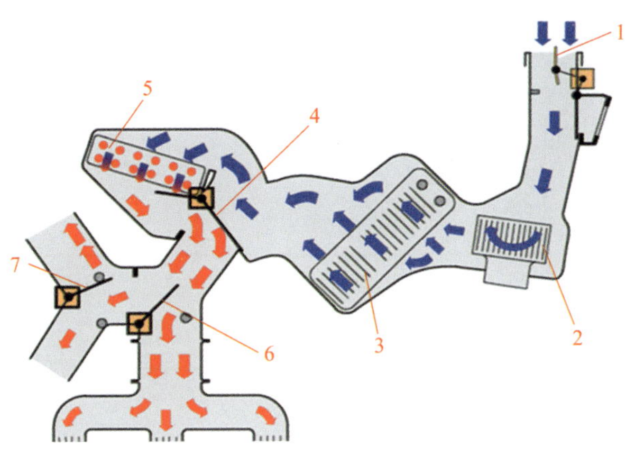

图 1-3-2　汽车空调通风管道组件

1—__________ 2—__________ 3—__________

4—__________ 5—__________ 6—__________ 7—__________

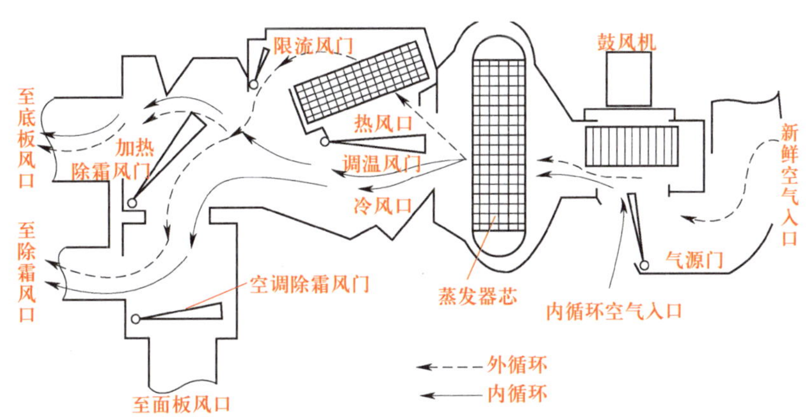

图 1-3-3　汽车空调通风管道的工作原理

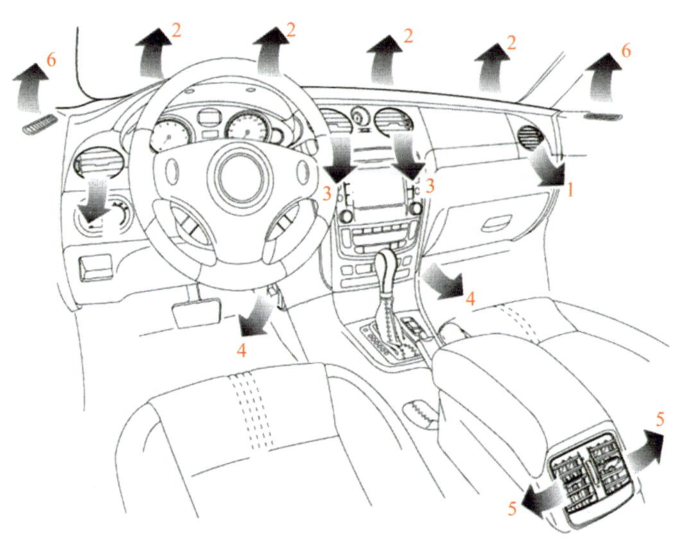

图 1-3-4　汽车空调出风口

1—__________ 2—__________ 3—__________ 4—__________ 5—__________ 6—__________

二、汽车空调通风管道异味故障

1．分析故障原因

查阅资料，在表 1–3–1 中写出汽车空调通风管道异味故障可能的故障原因。

表 1–3–1　分析故障原因

故障现象	可能的故障原因
汽车空调通风管道发出异味	

2．制定维修方案

根据任务要求，制定小组维修方案。

（1）根据具体工作内容，明确小组成员分工，填写表 1–3–2。

表 1–3–2　小组成员分工

姓名	分工

（2）根据要求列出维修所需主要工具及材料清单，填写表 1–3–3。

表 1–3–3　维修所需主要工具及材料清单

序号	工具及材料名称	单位	数量	备注

（3）根据小组分工情况及客户要求，制定具体的维修工序，填写表 1-3-4。

表 1-3-4 维修工序安排

序号	维修工序内容	备注

三、汽车空调通风管道的检查

根据图 1-3-5 所示，填写表 1-3-5 中各符号所对应的气流出口。旋转空调模式旋钮，分别检查各出风口出风情况及出风量大小。

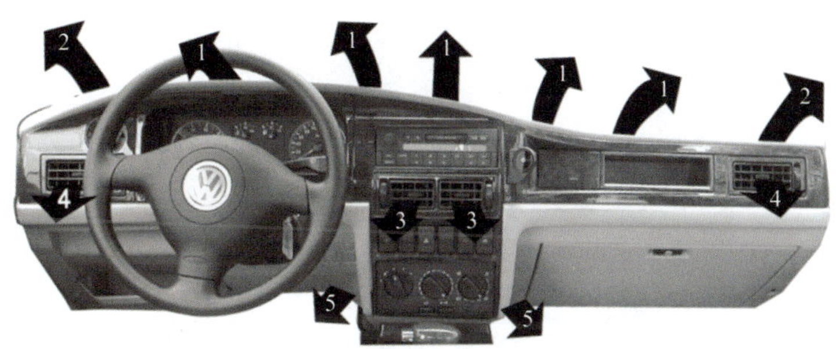

图 1-3-5 汽车空调出风口

表 1-3-5 汽车空调通风管道检查

旋钮所指符号	气流出口	大气流量出口	小气流量出口

四、汽车空调通风管道的清洗

汽车空调使用一段时间后，空调管道内沉积了不少________，容易________，也会产生________，危害乘员的________。因此，需要________对空调通风管道进行清洗。用________清洗空调通风管道的方法如下。

1．如图 1–3–6 所示，把____________取下，将____________再装回去，防止清洗时清洗剂通过空调滤清器的____________流出来。

图 1–3–6　汽车空调滤清器的清洗

2．将________全部打开，启动____________，将空调风量调到________（不开空调压缩机）。

3．找到空调________吸力最大的位置（可用手或纸巾测试），然后将_______________喷入进气口，喷________左右，隔几秒喷一下，直至________充满进气口，如图 1–3–7 所示。

图 1–3–7　清洗空调进气口

4．为了达到全面清洁，每个__________都要__________一下。

5．关闭鼓风机__________，以利于清洗剂__________。

6．开启__________，将风速调到__________，启用__________，以便泡沫吹出。大约__________后有废液从__________流出。

7．至此，清洗工作基本完成，将新的__________换上，然后把__________擦干净。

五、学习过程评价

学习过程评价见表 1–3–6。

表 1-3-6　学习过程评价表

班级		姓名		学号		日期	年　月　日
序号	评价要点				配分	得分	总评
1	能正确识读和填写工作页，明确学习活动要求				10		A □（86 ~ 100） B □（76 ~ 85） C □（60 ~ 75） D □（60 以下）
2	能查阅资料，写出汽车空调通风管道的通风路径				10		
3	能查阅资料，分析汽车空调通风管道异味故障原因，制定维修方案				15		
4	能按规范流程，完成汽车空调通风管道的检查				10		
5	能按规范流程，完成汽车空调通风管道的清洗				25		
6	能遵守劳动纪律，以积极的态度接受工作任务				10		
7	能积极参与小组讨论，发挥团队合作精神				10		
8	能及时完成教师布置的任务				10		
总　分					100		
小结 建议							

学习活动 4　汽车空调蒸发器的拆装与清洗

学习目标

1. 能描述汽车空调蒸发器的作用及安装位置。
2. 能分析汽车空调蒸发器异味故障。
3. 能完成汽车空调蒸发器的拆装与清洗。

建议学时：8 学时。

学习过程

一、汽车空调蒸发器的作用及安装位置

汽车空调蒸发器是空调制冷系统的组件之一，空调蒸发器长期使用后，容易有灰尘堆积，需要定期检查与清洗。

1．汽车空调蒸发器的作用

汽车空调蒸发器如图 1–4–1 所示，是一个__________。__________喷出的雾状制冷剂气体在蒸发器中蒸发，鼓风机的________将空气吹过蒸发器，制冷剂气体__________空气中的__________，达到降温和________的目的。

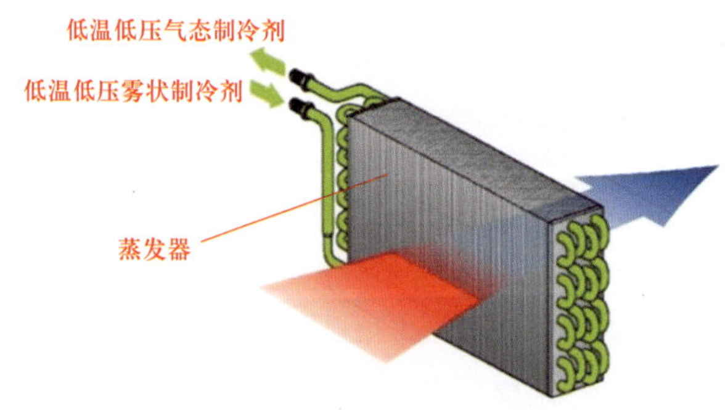

图 1–4–1　汽车空调蒸发器

2．汽车空调蒸发器的安装位置

蒸发器安装在__________________________，如图 1–4–2 所示。

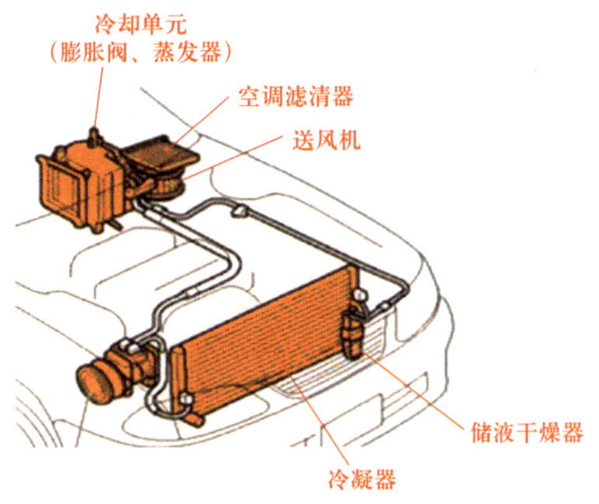

图 1–4–2　汽车空调蒸发器的安装位置

二、汽车空调蒸发器的类型

查阅资料，填写表 1–4–1 中蒸发器的类型。

表 1–4–1　　蒸发器的类型

类型	说明	图片
	由多孔扁管、蛇形散热铝带及散热片组成	
	由两片冲压形成的铝板叠在一起组成，每两片之间夹有蛇形散热铝带	

三、汽车空调蒸发器异味故障

1．分析故障原因

查阅资料，在表 1–4–2 中写出汽车蒸发器异味故障可能的故障原因。

表 1–4–2　　分析故障原因

故障现象	可能的故障原因
由蒸发器吹出的风有异味	

蒸发器的其他常见故障：

如果蒸发器出现故障，可能会导致空调运行时带有________味道、________能力下降或完全________。蒸发器损坏的原因有：

（1）______________________________。

（2）______________________________。

2．制定维修方案

根据任务要求，制定小组维修方案。

（1）根据具体工作内容，明确小组成员分工，填写表 1-4-3。

表 1-4-3　　小组成员分工

姓名	分工

（2）根据要求列出维修所需主要工具及材料清单，填写表 1-4-4。

表 1-4-4　　维修所需主要工具及材料清单

序号	工具及材料名称	单位	数量	备注

（3）根据小组分工情况及客户要求，制定具体的维修工序，填写表 1-4-5。

表 1-4-5　　维修工序安排

序号	维修工序内容	备注

续表

序号	维修工序内容	备注

四、汽车空调蒸发器的拆装

蒸发器的拆装流程见表 1-4-6，完成表中内容。

表 1-4-6　　蒸发器的拆装流程

拆装顺序	拆装步骤	图片
1	回收________	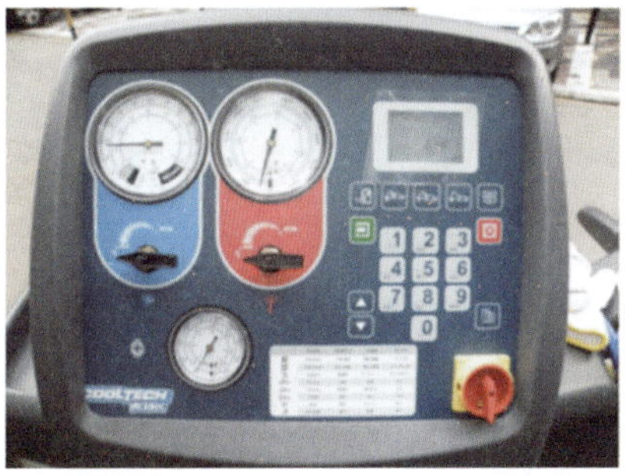
2	拆卸________	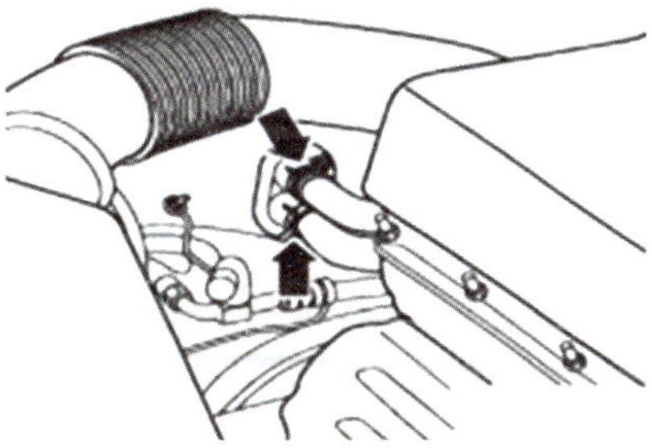
3	按照车辆维修手册，拆卸仪表板总成	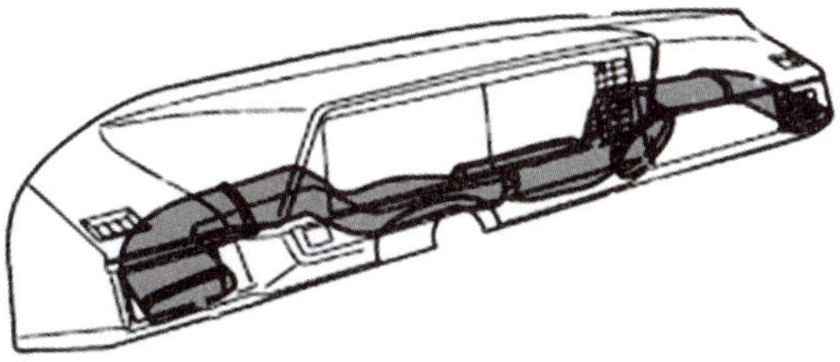

续表

拆装顺序	拆装步骤	图片
4	松开______壳体和空气箱的两个______，如箭头A、B所示，按照箭头C所示方向拉出____________	
5	在箭头所示位置拆下螺栓，松开_________管固定支架	
6	从蒸发器壳体中取出________________	
7	蒸发器的安装：按与拆卸相反的顺序安装蒸发器	

五、汽车空调蒸发器的清洗

1．汽车空调蒸发器清洗的目的

汽车空调在长期使用过程中，极易在__________及__________，特别是__________表面积聚__________、污物，导致空调__________、风道等处滋生__________、__________等有害物质。最直观的表现就是空调__________能力下降，车内空气_________，产生明显的__________。车内人员长期处于充斥着霉菌、__________与异味的车厢内，会影响人体的____________和____________。

2．汽车空调蒸发器的清洗流程

（1）找到__________________入口，如图 1-4-3 所示。

（2）拆卸____________、____________、____________，如图 1-4-4 所示。

（3）将____________与____________并行固定，如图 1-4-5 所示。

图 1-4-3

空调滤清器芯

鼓风机

鼓风机电阻

图 1-4-4

图 1-4-5

（4）连接____________，并将____________加入空调清洗机，如图 1-4-6 所示。

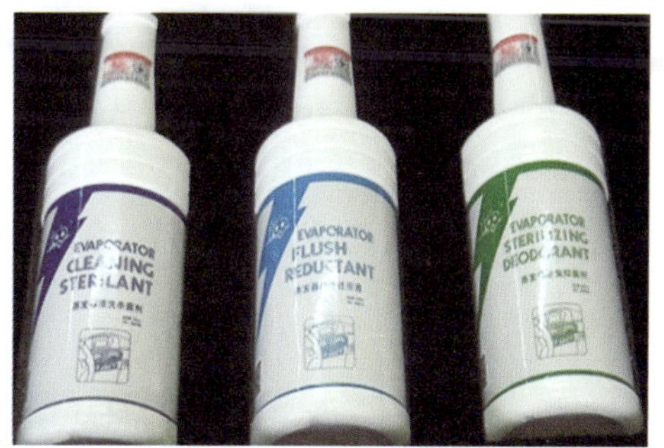

图 1-4-6

（5）将____________与____________置于蒸发器表面，如图 1-4-7 所示。

（6）来回移动____________进行清洗，如图 1-4-8 所示。

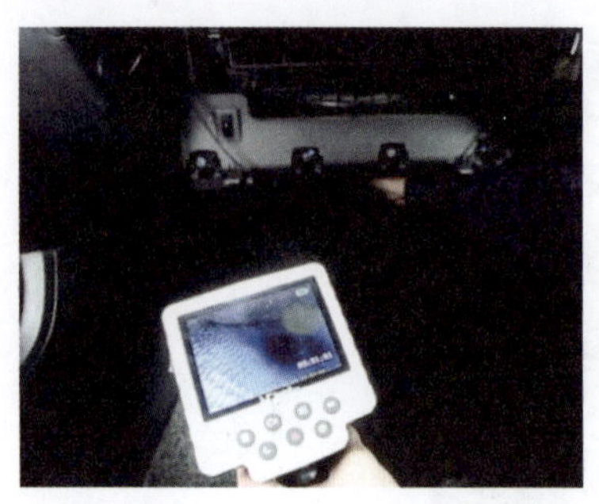

图 1-4-7

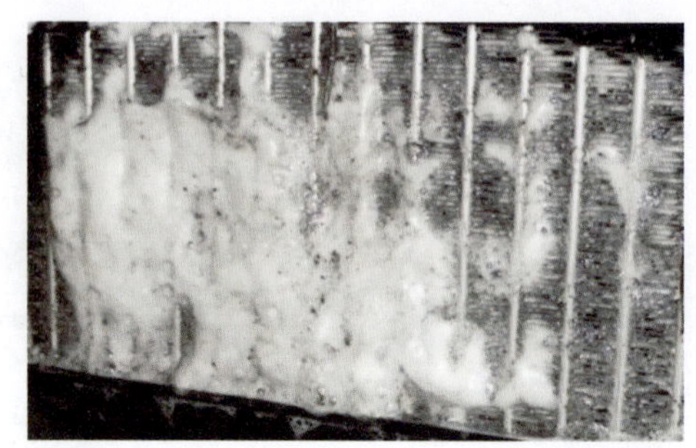

图 1-4-8

（7）清洗完成后，________________，如图 1-4-9 所示。

图 1-4-9

（8）操作完成，使空调系统在__________模式下运行__________min，再熄火。空调清洗剂在对蒸发器进行清洁后会消泡成为__________顺__________流出车外。如果在清洗完蒸发器后依然有异味，意味着__________或者空调管路内部有__________，出现这种情况需要更换__________。

六、学习过程评价

学习过程评价见表 1-4-7。

表 1-4-7 学习过程评价表

班级		姓名		学号		日期	年　月　日
序号	评价要点				配分	得分	总评
1	能正确识读和填写工作页，明确学习活动要求				10		A □（86 ~ 100） B □（76 ~ 85） C □（60 ~ 75） D □（60 以下）
2	能查阅资料，写出汽车空调蒸发器的作用及安装位置				10		
3	能查阅资料，写出汽车空调蒸发器的类型				10		
4	能查阅资料，分析汽车空调蒸发器异味故障原因，制定维修方案				10		
5	能按规范流程，完成汽车空调蒸发器的拆装				15		
6	能按规范流程，完成汽车空调蒸发器的清洗				15		
7	能遵守劳动纪律，以积极的态度接受工作任务				10		

续表

<table>
<tr><th>序号</th><th>评价要点</th><th>配分</th><th>得分</th><th>总评</th></tr>
<tr><td>8</td><td>能积极参与小组讨论，发挥团队合作精神</td><td>10</td><td></td><td rowspan="3">A □（86 ~ 100）
B □（76 ~ 85）
C □（60 ~ 75）
D □（60 以下）</td></tr>
<tr><td>9</td><td>能及时完成教师布置的任务</td><td>10</td><td></td></tr>
<tr><td colspan="2">总　分</td><td>100</td><td></td></tr>
<tr><td>小结
建议</td><td colspan="4"></td></tr>
</table>

学习活动 5　工作总结与评价

学习目标

1. 能以小组形式，对学习过程和成果进行总结。
2. 能完成对学习过程的综合评价。

建议学时：2 学时。

学习过程

一、工作总结

在世界技能大赛中，要求选手具有一定的组织规划、沟通、创新等能力，这在实际的生产工作中是十分必要的。以小组为单位，选择演示文稿、展板、海报、视频等形式中的一种或几种，向全班展示、汇报学习成果。

二、综合评价

针对本任务的学习情况，根据表 1–5–1 所列综合评价标准进行评分。

表 1–5–1　　综合评价标准

评价项目	评价内容及标准	配分	评分		
			自我评价	小组评价	教师评价
工作组织和管理	团队合作，合理计划，高效管理时间	3			
	定期检查工作进展和效果	3			
	保证高质量完成工作	4			
沟通能力	深度咨询客户，完全理解其要求	10			
	提供明确说明，准确回答客户疑问	10			
计划创新能力	及时处理工作中遇到的问题	10			
	提出创新性、可行性建议，提高客户满意度	10			

续表

评价项目	评价内容及标准	配分	评分		
			自我评价	小组评价	教师评价
专业知识	具备汽车空调系统各部件的组成、功能、原理等知识	10			
	具备汽车空调异味故障检修知识	10			
实践能力	具备汽车空调滤清器检修技能	5			
	具备汽车空调外部风道检修技能	5			
	具备汽车空调内部风道检修技能	10			
	具备汽车空调蒸发器检修技能	10			
学生姓名		综合评价得分			
指导教师		日期			

三、学习任务一整体评价

学习任务一整体评价见表 1-5-2。

表 1-5-2　学习任务一整体评价表

项目	自我评价			小组评价			教师评价		
	10 ~ 9 分	8 ~ 6 分	5 ~ 1 分	10 ~ 9 分	8 ~ 6 分	5 ~ 1 分	10 ~ 9 分	8 ~ 6 分	5 ~ 1 分
	占总评 10%			占总评 30%			占总评 60%		
学习活动 1									
学习活动 2									
学习活动 3									
学习活动 4									
学习活动 5									
协作精神									
纪律观念									
表达与分析能力									
工作态度									
任务总体表现									
小计分									
总评分									

世赛知识

世界技能大赛及其办赛理念

世界技能大赛（world skills competition，WSC）是迄今全球等级最高、规模最大、影响力最大的职业技能竞赛，被誉为“世界技能奥林匹克”，其竞技水平代表了职业技能发展的世界先进水平，是世界技能组织成员国及地区展示和交流职业技能的重要平台。世界技能大赛由世界技能组织（world skills international，WSI）举办，每两年一届，截至 2020 年已成功举办 45 届。

世界技能组织是世界技能大赛的组织机构，其前身是“国际职业技能训练组织”。20 世纪 50 年代，西班牙、葡萄牙两国共同发起创立了“国际职业技能训练组织”，目的是鼓励青年人重视职业技能，引导社会和雇主重视职业技能培训。

世界技能组织的宗旨是提升公众对技能人才的认可，展示技能在实现经济发展和个人成就中的重要性。自 1971 年起，世界技能组织每两年举办一次世界技能大赛。

世界技能大赛是青年人展示技能的舞台，旨在促进青年技能劳动者职业能力的提升，促进世界各个国家和地区在职业技能领域的合作与交流，促进职业技能的推广。竞技不是目的，相互交流和提高才是根本。

世界技能大赛的办赛理念具体包括：

◇ 推广职业教育、技工教育和职业培训（technical and vocational education and training，TVET）。

◇ 促进职业教育、技工教育和职业培训信息交流。

◇ 促进成员国家和地区之间年轻技术人员及培训人员的经验交流与合作。

◇ 促进政府和社会对技术人才及职业教育、技工教育和职业培训的重视。

世界技能大赛秉承开放办赛、客观公正的宗旨。

我国为了推广职业技能，在世界技能大赛举办期间，除了正式的技能竞赛外，还会举行丰富多彩的活动，比如“一校一队”、技能展示、技能互动、高层论坛、研讨会等。在“一校一队”活动中，每个代表团都会走进当地的一所学校（中、小学）开展交流活动，借此机会搭建起一个职业教育交流的平台，使当地学生能够近距离了解世界各个国家和地区的职业教育，以此激励学生们不断进取。

学习任务二　汽车空调不制冷故障检修

学习目标

1. 能识别汽车空调制冷系统各部件及其安装位置。
2. 能描述汽车空调制冷系统各部件的作用、组成及结构。
3. 能描述汽车空调系统的制冷原理。
4. 能分析制冷剂的纯度。
5. 能进行汽车空调制冷系统泄漏测试。
6. 能按照标准流程完成制冷剂的加注与回收。
7. 能完成汽车空调压缩机的拆卸、检查及安装。
8. 能完成冷凝器的拆卸、检查、清洁及安装。
9. 能完成储液干燥器、节流装置等的拆卸、检查、清洁及安装。
10. 能完成汽车空调系统的功能和性能检查。
11. 能完成汽车空调系统的压力测试。
12. 能完成汽车空调风扇的拆卸及安装。
13. 能识读汽车空调风扇控制电路图，并完成汽车空调风扇控制电路的测量，能分析汽车空调风扇简单故障。
14. 能完成压缩机电磁离合器的拆卸及安装。
15. 能识读压缩机电磁离合器控制电路图，并完成压缩机电磁离合器的检修，能分析压缩机电磁离合器简单故障。
16. 能对维修场地设备进行日常维护保养，按 6S 管理规定要求清理现场。
17. 能对相关资料进行检索，完成维修工单、工作页的填写。
18. 能展示工作成果，进行任务评价，总结工作经验，优化检修方案。
19. 能在作业过程中严格执行企业操作规范、安全生产制度、环保管理制度，严格遵守从业人员的职业道德，具有吃苦耐劳、爱岗敬业的工作态度和职业责任感。

建议学时

40 学时。

工作情境描述

一辆装有手动空调的上汽通用威朗轿车，在夏季行驶过程中，出现汽车空调系统不制冷故障。故障具体表现为启动发动机，打开空调制冷功能，空调风扇及空调压缩机均不工作。经维修技师检查初步判断为空调系统制冷剂泄漏及压缩机故障，汽车维修人员需要根据维修手册相关要求，在规定时间内，参照维修资料完成空调系统的检查与零部件的更换工作，自检合格后交付班组长验收。

工作流程与活动

1．汽车空调制冷系统部件认知（2 学时）

2．汽车空调制冷剂的回收与加注（8 学时）

3．汽车空调压缩机的拆装（8 学时）

4．汽车空调制冷元件的检修（6 学时）

5．汽车空调系统基本检查（2 学时）

6．汽车空调风扇控制电路简单故障检修（6 学时）

7．压缩机电磁离合器控制电路简单故障检修（6 学时）

8．工作总结与评价（2 学时）

思维导图

- 学习任务二 汽车空调不制冷故障检修
  - 学习活动1 汽车空调制冷系统部件认知
    - 汽车空调制冷系统各部件及其安装位置
    - 汽车空调制冷系统相关术语
      - 温度
      - 湿度
      - 汽化与冷凝
      - 制冷剂
    - 汽车空调制冷系统的工作过程
      - 压缩过程
      - 冷凝过程
      - 膨胀过程
      - 蒸发过程
  - 学习活动2 汽车空调制冷剂的回收与加注
    - 制冷剂纯度分析
      - 制冷剂纯度分析仪的作用
      - 制冷剂纯度分析仪的安装
      - 制冷剂纯度分析仪的预热与设定
      - 系统标定
      - 连接管路
      - 按键操作
      - 制冷剂纯度分析结果
    - 制冷剂泄漏测试
      - 制冷剂泄漏测试的方法
      - 测试前的准备工作
      - 制冷剂泄漏测试过程
    - 制冷剂的回收与加注
      - 制冷剂回收作业前的准备
      - 制冷剂回收加注机的使用
      - 制冷剂回收与加注工作过程
  - 学习活动3 汽车空调压缩机的拆装
    - 汽车空调压缩机的类型
      - 按工作容积分类
      - 按工作方式分类
    - 汽车空调压缩机的拆装
    - 汽车空调压缩机常见故障
      - 分析故障原因
      - 制定维修方案
  - 学习活动4 汽车空调制冷元件的检修
    - 汽车空调冷凝器
      - 冷凝器的安装位置
      - 冷凝器的作用
      - 冷凝器的结构和类型
      - 冷凝器的拆装
    - 储液干燥器
      - 储液干燥器的结构与作用
      - 储液干燥器的工作过程
      - 储液干燥器的拆卸
      - 储液干燥器的安装
      - 储液干燥器的检修
    - 节流装置
      - 节流装置的结构与原理
      - 膨胀阀
      - 节流管
  - 学习活动5 汽车空调系统基本检查
    - 汽车空调系统功能检查
    - 汽车空调系统性能检查
    - 汽车空调出风口温度测量
    - 汽车空调系统压力测试
  - 学习活动6 汽车空调风扇控制电路简单故障检修
    - 汽车空调风扇的结构及原理
      - 空调开关直接控制型
      - A/C开关和水温开关联合控制型
      - 空调放大器控制型
    - 汽车空调风扇的拆卸
    - 汽车空调风扇的控制原理
    - 汽车空调传感器的测量
      - 水温传感器
      - 空调压力传感器
    - 汽车空调风扇简单故障分析
      - 分析故障原因
      - 制定维修方案
  - 学习活动7 压缩机电磁离合器控制电路简单故障检修
    - 压缩机电磁离合器的结构及工作原理
      - 电磁离合器的结构
      - 电磁离合器的工作原理
    - 压缩机电磁离合器的控制原理
      - 开关控制
      - 空调控制器控制
      - 发动机ECU控制
    - 压缩机电磁离合器的拆装
    - 压缩机电磁离合器控制电路
    - 压缩机电磁离合器的检修
      - 压缩机电磁离合器的检查
      - 压缩机电磁离合器的检测
    - 压缩机电磁离合器常见故障
      - 分析故障原因
      - 制定维修方案
  - 学习活动8 工作总结与评价
    - 工作总结
    - 综合评价
    - 学习任务二整体评价

学习活动 1　汽车空调制冷系统部件认知

学习目标

1. 能识别汽车空调制冷系统各部件及其安装位置。
2. 能描述汽车空调制冷系统相关术语。
3. 能描述汽车空调制冷系统的工作过程。

建议学时：2 学时。

学习过程

一、汽车空调制冷系统各部件及其安装位置

汽车空调制冷系统的结构组成如图 2–1–1 所示，将图 2–1–1 中零部件对应的字母填入表 2–1–1 中，并写出其名称、安装位置及作用。

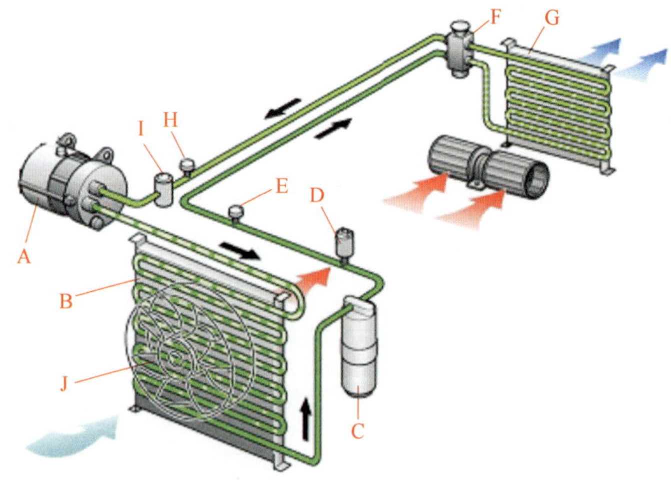

图 2–1–1　汽车空调制冷系统的结构组成

表 2-1-1　　汽车空调制冷系统各部件及其作用

名称	对应字母	图片	安装位置及作用

		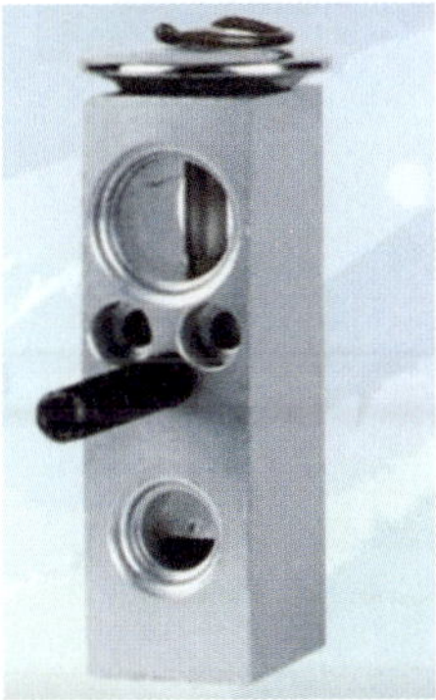	
		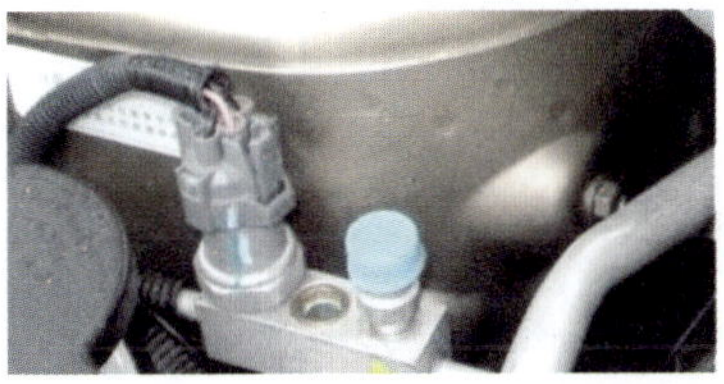	

续表

名称	对应字母	图片	安装位置及作用

二、汽车空调制冷系统相关术语

1．温度

温度是衡量物体________的一个物理量，是大量分子________的平均值的标志，测量________的标尺称为温标。常用温标有摄氏温标（℃）和华氏温度（℉）两种。

2．湿度

日常所说的湿度表示空气里含__________的多少，一定__________的空气中含有水蒸气越多，空气越潮湿；反之，含有水蒸气越少，空气越________。

3．汽化与冷凝

汽化是指物质由液态转变为________的相变过程，冷凝是指物质由气态转变为________的相变过程。在制冷技术中，制冷剂在________中由________转变为________，要放出热量。汽化过程如图 2-1-2 所示。

图 2-1-2　汽化过程

4．制冷剂

空调制冷剂又称冷媒，目前，汽车空调制冷系统采用的制冷剂为______。R12 对臭氧层有破坏作用，已禁止使用。

三、汽车空调制冷系统的工作过程

汽车空调制冷系统的工作过程可分为压缩过程、冷凝过程、膨胀过程和蒸发过程四部分。

1．压缩过程

压缩机将________低压侧的________气态制冷剂________成高温的________制冷剂，送往冷凝器____________。

2．冷凝过程

送往冷凝器的________气态制冷剂，在____________或外部温度很低时，向外散热进行________，制冷剂被冷凝成________、压力为________的液态制冷剂，如图 2-1-3 所示。

3．膨胀过程

冷凝后的________制冷剂经过__________使制冷剂流过空间__________，其__________急剧下降，变成___________的湿蒸气，以便进入蒸发器中迅速___________，如图 2-1-4 所示。

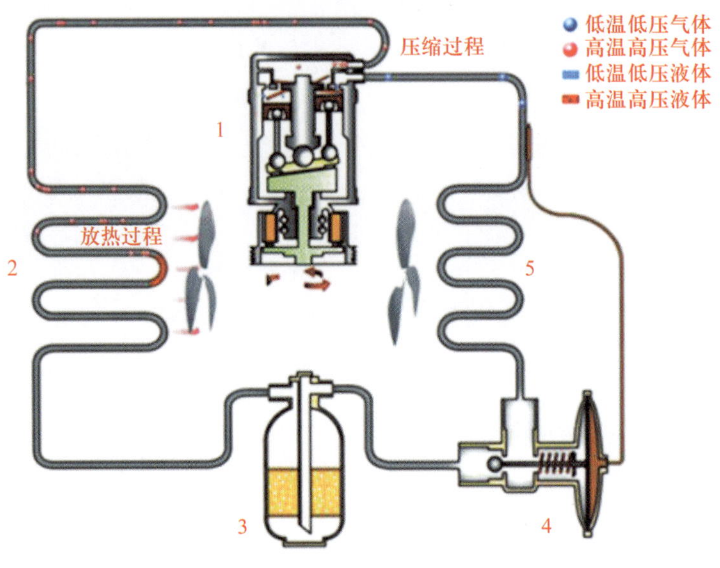

图 2-1-3　冷凝过程

1—压缩机　2—冷凝器　3—储液干燥器　4—膨胀阀　5—蒸发器

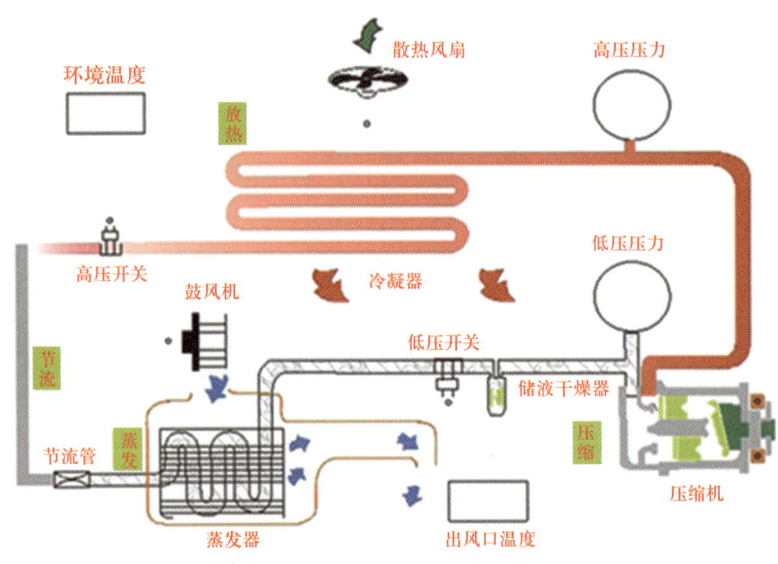

图 2-1-4　膨胀过程

4．蒸发过程

液态制冷剂通过膨胀阀变为________的__________，流经蒸发器不断转变成________的________制冷剂，吸收车厢内空气的热量。从________流出的气态制冷剂又被吸入_________，________后泵入冷凝器___________，进行___________。

四、学习过程评价

学习过程评价见表 2-1-2。

表 2-1-2　　学习过程评价表

班级		姓名		学号		日期	年　月　日
序号	评价要点				配分	得分	总评
1	能正确识读和填写工作页，明确学习活动要求				10		A □（86 ~ 100） B □（76 ~ 85） C □（60 ~ 75） D □（60 以下）
2	能查阅资料，写出汽车空调制冷系统各部件及其安装位置				20		
3	能查阅资料，写出汽车空调制冷系统相关术语的定义				20		
4	能查阅资料，写出汽车空调制冷系统的工作过程				20		
5	能遵守劳动纪律，以积极的态度接受工作任务				10		
6	能积极参与小组讨论，发挥团队合作精神				10		
7	能及时完成教师布置的任务				10		
总　分					100		
小结 建议							

学习活动 2　汽车空调制冷剂的回收与加注

学习目标

1. 能使用制冷剂纯度分析仪进行制冷剂纯度分析。
2. 能使用电子式卤素检漏测试仪进行制冷系统泄漏测试。
3. 能使用制冷剂回收加注机进行制冷剂的回收与加注。

建议学时：8 学时。

学习过程

一、制冷剂纯度分析

1．制冷剂纯度分析仪的作用

制冷剂纯度分析仪如图 2–2–1 所示，其主要作用是检验制冷剂的________、________、非凝性气体以及其他杂质，可鉴别五种物质的成分，分别是________、________、R22、________和________。

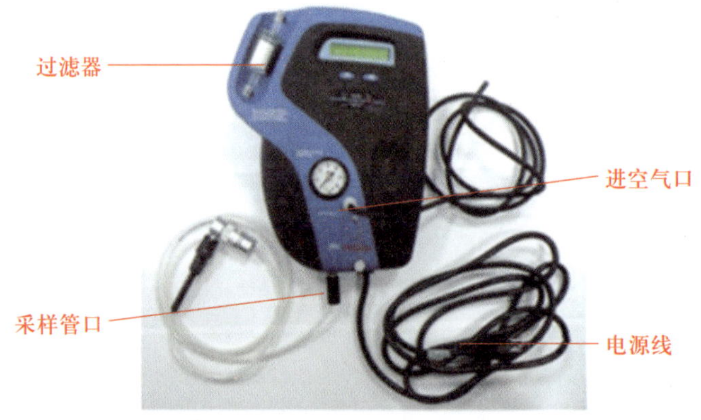

图 2–2–1　制冷剂纯度分析仪

在空调________制冷剂前需要对车辆原有的__________进行分析，并确定制冷剂的纯度。如原有车辆制冷剂含有________或与________加注制冷剂的类型型号________，会对车辆____________造成损坏，影响__________，同时也会对制冷剂回收加注装置造成极大的________。

2．制冷剂纯度分析仪的安装

将制冷剂纯度分析仪稳定地挂在____________上，如图 2-2-2 所示。

3．制冷剂纯度分析仪的预热与设定

接通电源并__________仪器，在仪器预热过程中可进行__________的设定，具体步骤如下：

（1）在预热过程，同时按住____________直到显示屏出现“USEAGE ELEVATION，400 Feet”（海拔 400 英尺，约等于 120 m），如图 2-2-3 所示。

图 2-2-2　安装制冷剂纯度分析仪

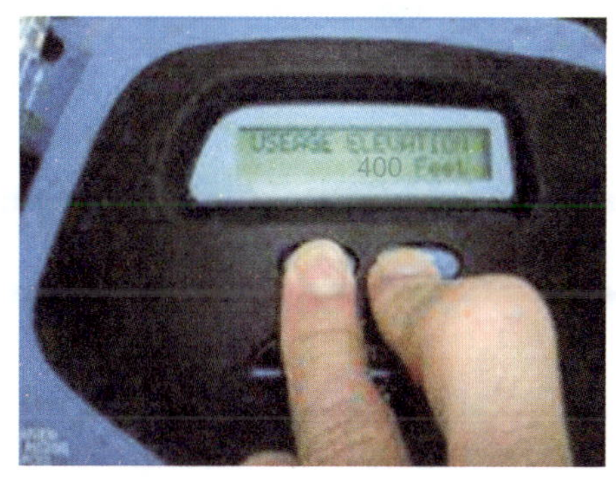

图 2-2-3　设置海拔

（2）使用 A 键和 B 键，调节__________，每按一次 A 键，升高__________英尺，每按一次 B 键，降低__________英尺，如图 2-2-4 所示。

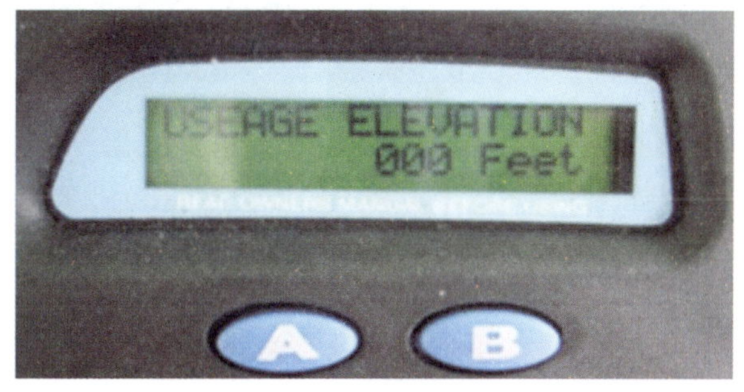

图 2-2-4　设置海拔高度

（3）设定完成后，静置________________s，自动切换到________________。

4．系统标定

预热完成后，系统标定__________，时间为________min，如图 2-2-5 所示。

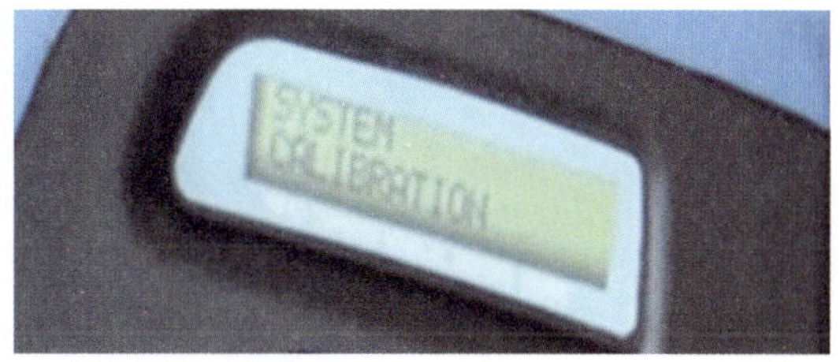

图 2-2-5　系统标定

5. 连接管路

将＿＿＿＿＿一端连接到＿＿＿＿＿＿＿的采样管口，另一端连接到车辆空调系统管路＿＿＿＿＿加注口。连接管路之前应检查接头开关是否处于＿＿＿＿＿状态，连接车辆＿＿＿＿加注口时需佩戴＿＿＿＿＿和＿＿＿＿＿。管路连接完毕，确定系统压力在＿＿＿＿＿＿＿＿＿＿，如图 2-2-6 所示。

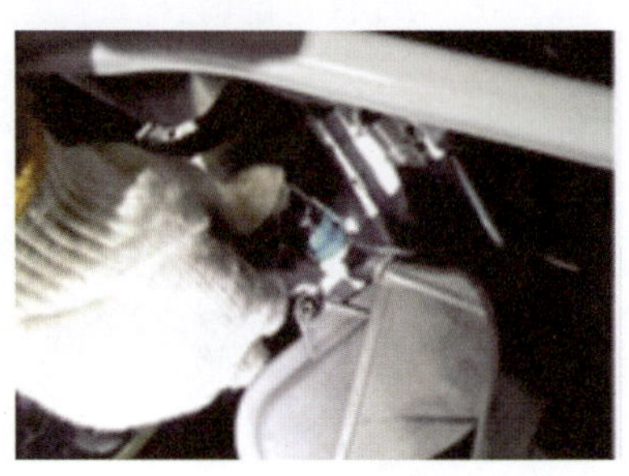

图 2-2-6　连接管路

6. 按键操作

管路连接完毕，按下＿＿＿＿＿进行纯度分析并记录结果，如图 2-2-7 所示。

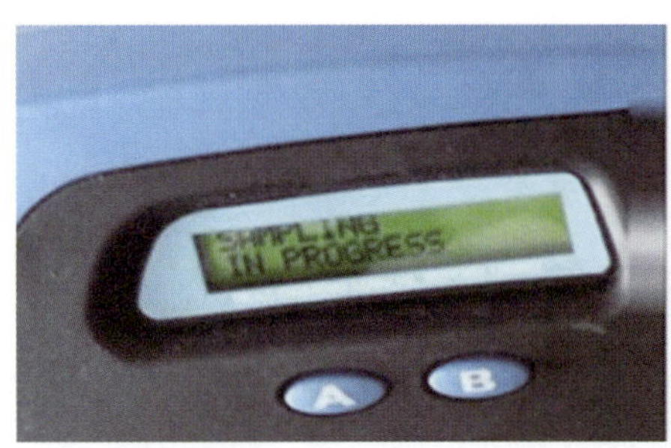

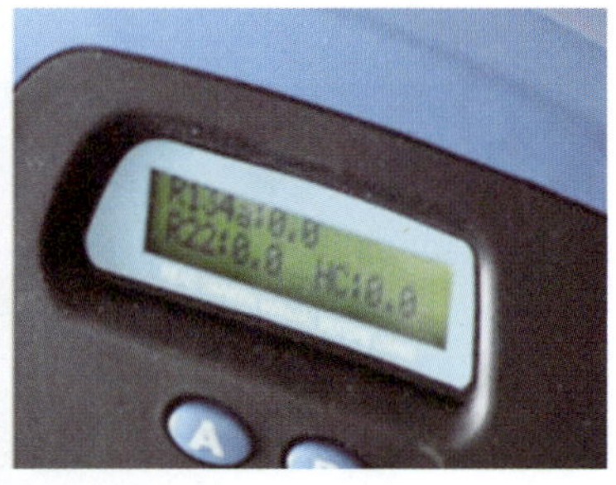

图 2-2-7　纯度分析结果

7. 制冷剂纯度分析结果

仪器分析完毕，数据显示在制冷剂纯度分析仪的显示屏上，具体含义如下：

（1）PASS：制冷剂纯度达到＿＿＿＿＿或更高。通过＿＿＿＿，可以＿＿＿＿＿。

（2）FAIL：＿＿＿＿或＿＿＿＿的混合物，任一种纯度达不到＿＿＿＿，混合物＿＿＿＿。

（3）FAIL CONTAMINATED：未知＿＿＿＿，如＿＿＿＿或＿＿＿＿含量＿＿＿＿或更多，不能显示含量。

（4）NO REFRIGERANT-CHK HOSE CONN：＿＿＿＿达到＿＿＿＿或更高，没有制冷剂。

二、制冷剂泄漏测试

如果空调系统出现＿＿＿＿，泄漏出来的＿＿＿＿会对环境造成影响，如破坏地球大气层中的＿＿＿＿。空调系统中的制冷剂泄漏达到一定＿＿＿＿，空调会出现＿＿＿＿＿，影响＿＿＿＿＿或＿＿＿＿＿＿。

1. 制冷剂泄漏测试的方法

测试制冷剂泄漏的方法有多种，最简单的测试方法是＿＿＿＿检测法。还可以通过给系统＿＿＿＿，然后确定系统是否＿＿＿＿＿＿来判断有没有制冷剂泄漏情况。目前，主要采用＿＿＿＿＿＿＿＿测试仪检测系统泄漏。

2．测试前的准备工作

（1）启动________，运行空调制冷系统，使空调制冷剂在空调管路中__________。

（2）对制冷剂回收加注机________及空调________进行清洁，如图 2-2-8 所示。

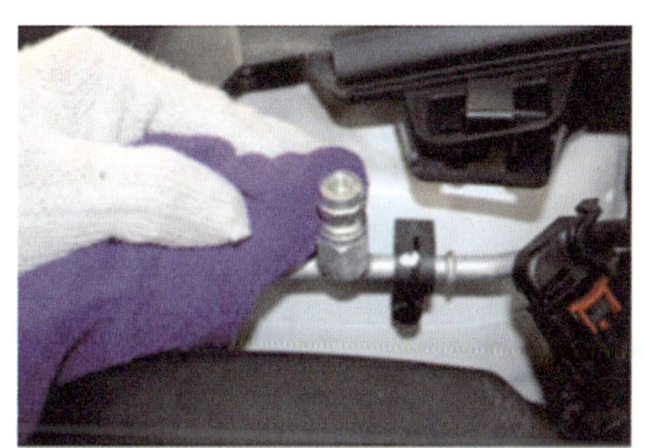
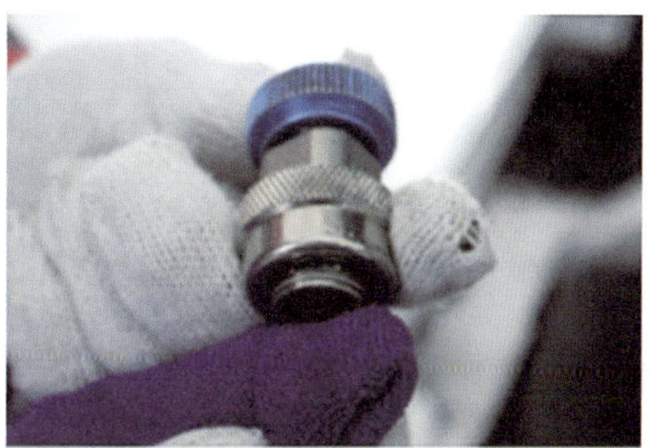

图 2-2-8　清洁工作

（3）连接制冷剂回收加注机____________和空调____________。

（4）在制冷剂回收加注机的仪表上读取空调系统____________管路静态压力。压力至少为__________，如图 2-2-9 所示。

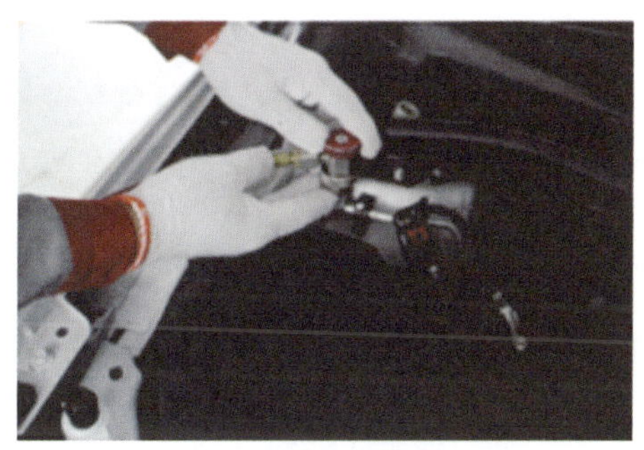

图 2-2-9　读取空调管路静态压力

3．制冷剂泄漏测试过程

（1）用干抹布将________清洁干净，残余的溶剂可能会____________电子式卤素检漏测试仪测试。

（2）检查并确保电子式卤素检漏测试仪的________和________是干净的，如图 2-2-10 所示。

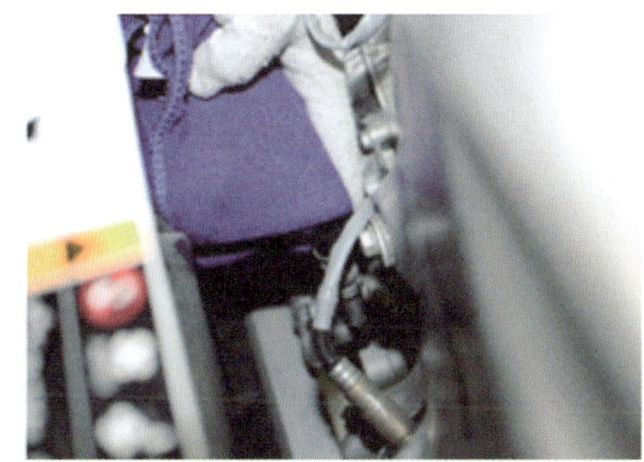
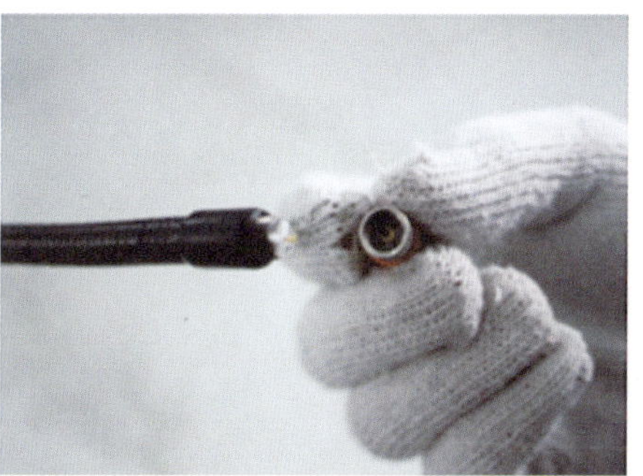

图 2-2-10　检查电子式卤素检漏测试仪

（3）查阅资料，写出图 2-2-11 所示电子式卤素检漏测试仪各部件的名称。

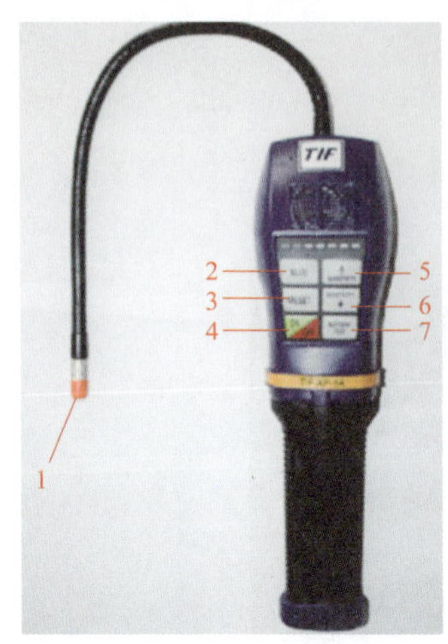

图 2-2-11　电子式卤素检漏测试仪

1—__________　2—__________　3—__________　4—__________

5—__________　6—__________　7—__________

（4）打开电子式卤素检漏测试仪，并进行________和________：使用灵敏度选择键选择________的灵敏度。灵敏度分为________等级，等级越高，________亮的格数越多，声音的________可以反映泄漏的________和________，如图 2-2-12 所示。

（5）测试时从一个________的位置开始检测，按________进行，以确保不漏掉任何可能的________。检漏部位包括：制冷剂________、高低压________、软管、压缩机________等。在检查特殊位置时，探针静止停留________以上，如图 2-2-13 所示。

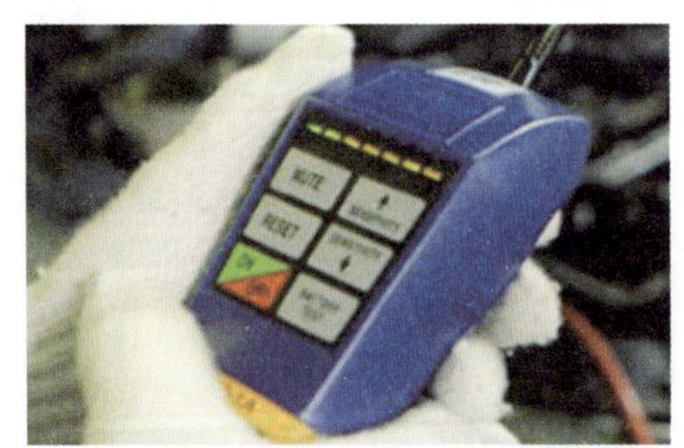

图 2-2-12　选择灵敏度

图 2-2-13　测试过程

（6）把电子式卤素检漏测试仪的____________放在被检查部位的____________，沿管路移动________，确保电子式卤素检漏测试仪的探针______________被检查部位。

（7）检测系统______________________________。

（8）查阅资料，根据图 2-2-14，在表 2-2-1 中写出汽车空调系统管路中容易产生泄漏的部位。

图 2-2-14　空调系统管路接头

表 2-2-1　汽车空调系统管路中容易产生泄漏的部位

元器件	容易产生泄漏的部位
冷凝器	
储液干燥器	
蒸发器	
压缩机	
制冷剂管道	

三、制冷剂的回收与加注

在空调维修过程中，如果空调系统出现________或需要________空调系统零部件时，首先要对空调系统管路内的制冷剂__________，这样可以防止对人体造成伤害，同时可以保护环境，减少__________。当空调系统维修结束后，需要对空调系统管路进行__________和定量__________作业，使空调系统恢复正常工作。

1．制冷剂回收作业前的准备

为了确保制冷剂完全回收，在回收前需事先运行空调系统，具体步骤如下：

（1）起动车辆，起动车辆时需要踩住__________、检查__________，变速器挡位应处于____________，以免造成____________。

（2）打开____________，将鼓风机开关调至____________风速挡，打开____________开关，运行空调系统，如图 2-2-15 所示。

图 2-2-15 运行空调系统

（3）将空调系统温度调节至____________度，进风风门设置为____________状态，如图 2-2-16 所示。

图 2-2-16 空调状态设置

（4）保持发动机转速在__________________，连续运转__________min，目的是让空调系统中的制冷剂____________，以便____________回收制冷剂。

2．制冷剂回收加注机的使用

在维修汽车空调的过程中需要____________空调系统零部件，如果将____________排入到大气中，既浪费又____________，可用____________设备将制冷剂回收。回收的制冷剂可____________使用。

（1）图 2-2-17 所示是 AC350C 型制冷剂回收加注机，查阅资料，写出划线部分的名称。

（2）查阅资料，写出图 2-2-18 中 AC350C 型制冷剂回收加注机控制面板上各按键的名称。

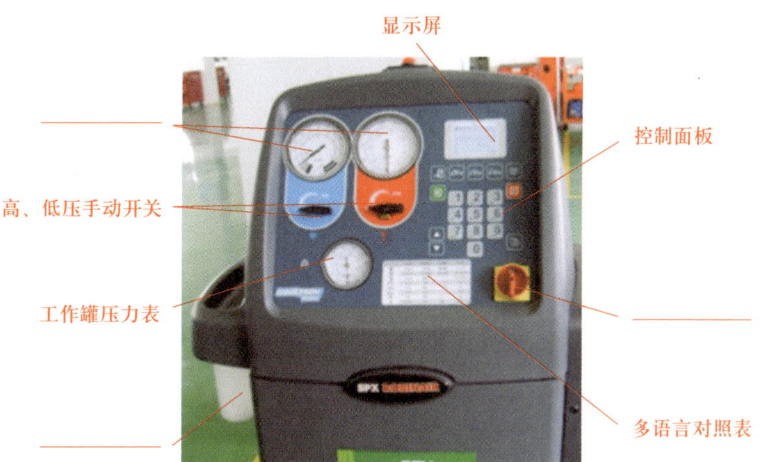

图 2-2-17　AC350C 型制冷剂回收加注机

图 2-2-18　AC350C 型制冷剂回收加注机的控制面板

1—__________　2—__________　3—__________　4—__________　5—__________

6—__________　7—__________　8—__________

3．制冷剂回收与加注工作过程

制冷剂回收与加注工作过程见表 2-2-2，在表格中填写所缺内容。

表 2-2-2　　制冷剂回收与加注工作过程

序号	操作步骤	图片
1	打开制冷剂回收加注机__________	

续表

序号	操作步骤	图片
2	显示工作罐质量并将__________的质量数值记录在作业记录表中	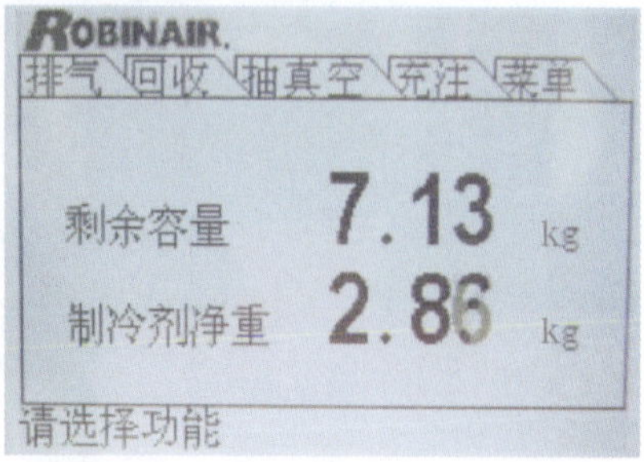
3	启动制冷装置运行__________	
4	按“__________”键，进入回收程序	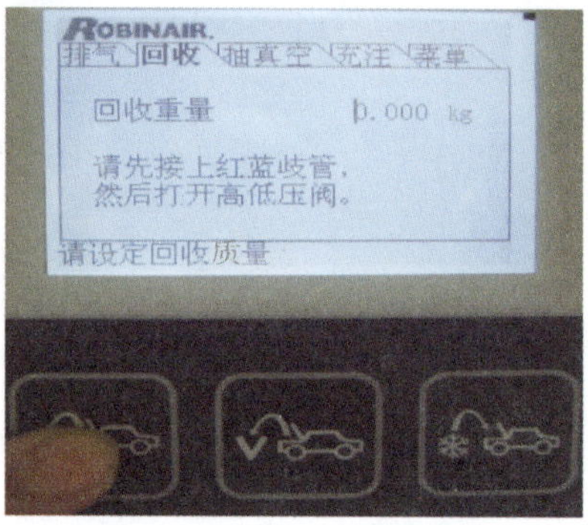
5	选择____________________	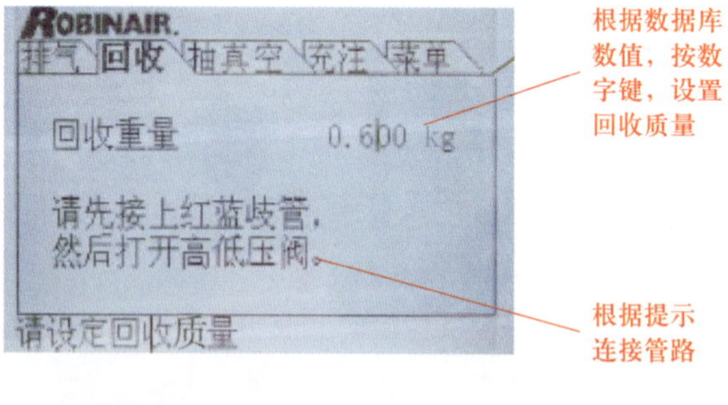
6	连接管路，将__________快速接头正确连接至制冷系统的______________	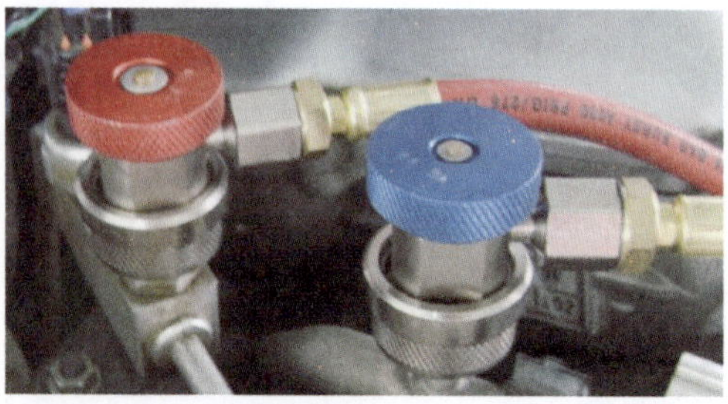

续表

序号	操作步骤	图片
7	________仪器上的高、低压阀	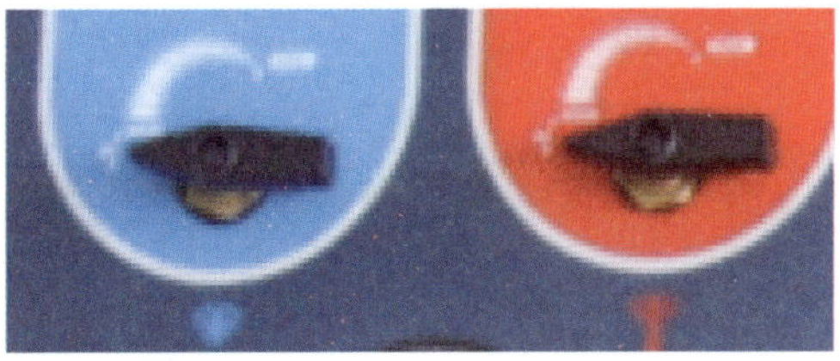
8	设备自动启动________管路功能	 ROBINAIR. 排气 回收 抽真空 充注 菜单 清理管路1分钟... 0:05 停止
9	进行制冷剂回收。在回收过程中，应不断观察压力表指针，当压力达到________时，再抽________	 ROBINAIR. 排气 回收 抽真空 充注 菜单 正在回收... 已回收 0.032kg 停止
10	回收结束，显示________的制冷剂量，仪器准备排放________	 ROBINAIR. 排气 回收 抽真空 充注 菜单 回收完成 已回收 0.093kg 下一步，排油?
11	排油瓶表面有__________，查看排油瓶内的________并记录	

续表

序号	操作步骤	图片
12	查看回收后工作罐质量并记录。制冷剂回收量 = ________________	
13	选择“__________”键	
14	在达到要求的真空度时，应继续抽真空，持续时间应不少于____________	
15	打开______________	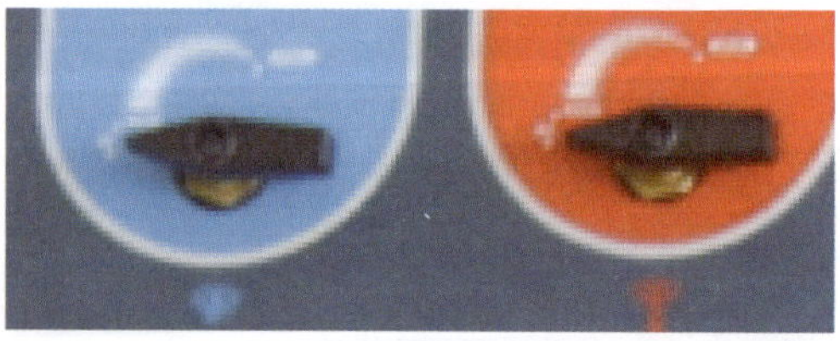
16	抽真空至系统真空度低于______________	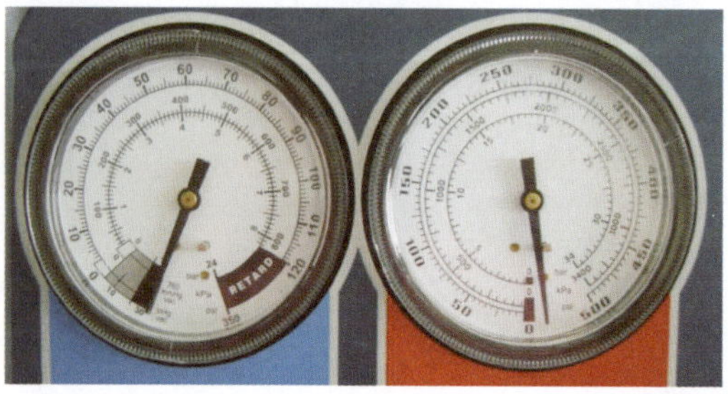

续表

序号	操作步骤	图片
17	在抽真空时，仪器同时进行工作罐中制冷剂的__________	 ROBINAIR. 排气 回收 抽真空 充注 菜单 正在抽真空… 制冷剂自循环中… 已抽真空 0:19 停止
18	抽真空时间充足后，仪器自动停止真空泵工作，按“______”键，仪器对系统进行__________	 ROBINAIR. 排气 回收 抽真空 充注 菜单 保压 3分钟… 请观察高低压表查看是否泄漏 0:03 停止
19	检漏结束，准备加注制冷剂，计算补充量 补充量为：__________	 ROBINAIR. 排气 回收 抽真空 充注 菜单 保压完成 请观察高低压表查看是否泄漏 3:00 下一步，注油？
20	采用单管加注，关闭__________，打开__________	
21	到__________后及时按确认键，__________加注制冷剂，确认加注量后，按“__________”键结束制冷剂加注	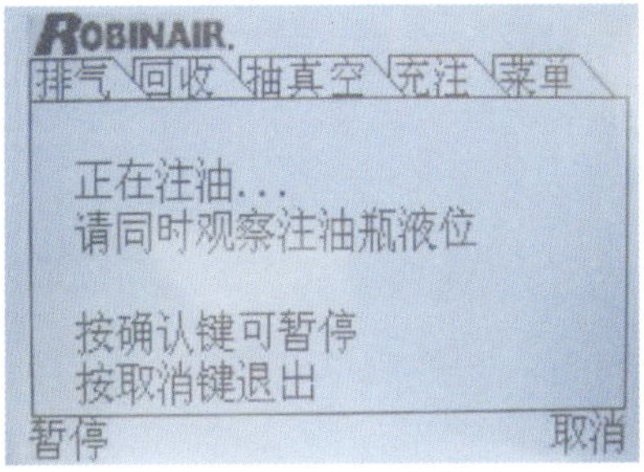 ROBINAIR. 排气 回收 抽真空 充注 菜单 正在注油… 请同时观察注油瓶液位 按确认键可暂停 按取消键退出 暂停 取消

续表

序号	操作步骤	图片
22	加注制冷剂结束，查阅______确认制冷剂的______及______	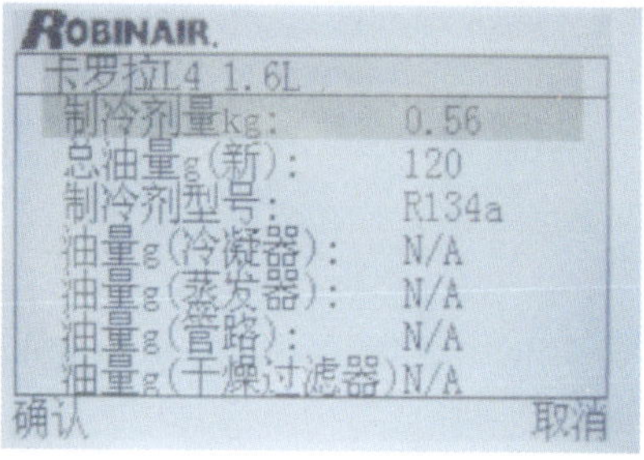
23	按确认键，进入制冷剂______	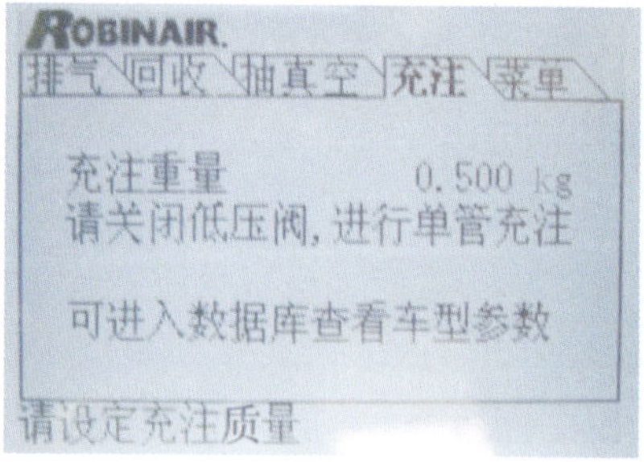
24	加注结束，根据界面显示，______旋转高压快速接头，将加注管与制冷系统______，准备______	
25	在用______对管路清洁后，按确认键退出	

将制冷剂回收与加注过程中的数据记录在表 2–2–3 中。

表 2–2–3　制冷剂回收与加注过程记录

操作顺序	操作内容	操作记录	数据记录
1	回收前的准备工作		
2	打开制冷剂回收加注机的电源		工作罐质量：
3	启动制冷装置并运行		运行时间：
4	按回收键，进入回收程序		回收量设置：
5	连接管路		连接方法：
6	打开高、低压阀		
7	按下制冷剂回收机的确认键，开始回收制冷剂		清理管路时间： 回收量：
8	回收结束后排废油		排油前刻度： 排油后刻度： 排油量：
9	查看回收后工作罐质量		工作罐质量： 回收量：

四、学习过程评价

学习过程评价见表 2–2–4。

表 2–2–4　学习过程评价表

班级		姓名		学号		日期	年　月　日
序号	评价要点				配分	得分	总评
1	能正确识读和填写工作页，明确学习活动要求				10		A □（86 ~ 100） B □（76 ~ 85） C □（60 ~ 75） D □（60 以下）
2	能查阅资料，描述制冷剂纯度分析仪和电子式卤素检漏测试仪的使用方法				10		
3	能就车检查汽车空调系统的压力				10		
4	能使用制冷剂纯度分析仪对汽车空调制冷剂进行纯度分析				10		
5	能使用电子式卤素检漏测试仪对汽车空调系统进行泄漏测试				10		
6	能使用制冷剂加注回收机进行制冷剂的加注与回收				20		
7	能遵守劳动纪律，以积极的态度接受工作任务				10		

续表

序号	评价要点	配分	得分	总评
8	能积极参与小组讨论，发挥团队合作精神	10		A □（86 ~ 100） B □（76 ~ 85） C □（60 ~ 75） D □（60 以下）
9	能及时完成教师布置的任务	10		
总 分		100		
小结 建议				

学习活动 3　汽车空调压缩机的拆装

学习目标

1. 能描述汽车空调压缩机的类型。
2. 能按照规范流程，完成汽车空调压缩机的拆装。
3. 能分析汽车空调压缩机常见故障。

建议学时：8 学时。

学习过程

压缩机是制冷系统的“心脏”，其作用是将制冷剂由低温、低压变为高温、高压，并维持制冷剂连续不断地循环，完成吸热、放热过程。汽车空调压缩机故障是造成汽车制冷系统故障的主要原因之一，因此，汽车空调压缩机检修工作是汽车维修工必须掌握的工作内容之一。

一、汽车空调压缩机的类型

1．按工作容积分类

汽车空调压缩机按照工作容积可分为定排量压缩机和变排量压缩机。

定排量压缩机的__________随着发动机__________的__________而成比例地提高，它不能根据制冷的__________而自动改变__________输出。

变排量压缩机可以根据设定的__________自动调节__________输出。在制冷的全过程中，压缩机始终__________，制冷__________的调节完全依赖装在压缩机内部的____________________来控制。

2．按工作方式分类

汽车空调压缩机如图 2–3–1 所示，按照工作方式可分为__________压缩机和__________压缩机。往复式压缩机又包括__________压缩机和__________压缩机。目前，在轿车中广泛采用斜盘式压缩机。

（1）斜盘式压缩机的组成

斜盘式压缩机如图 2–3–2 所示，是__________________压缩机，它可以根据空调的制冷____________进行调节。该压缩机由____________、接线板、__________、滑蹄、曲柄室、____________和____________等组成。

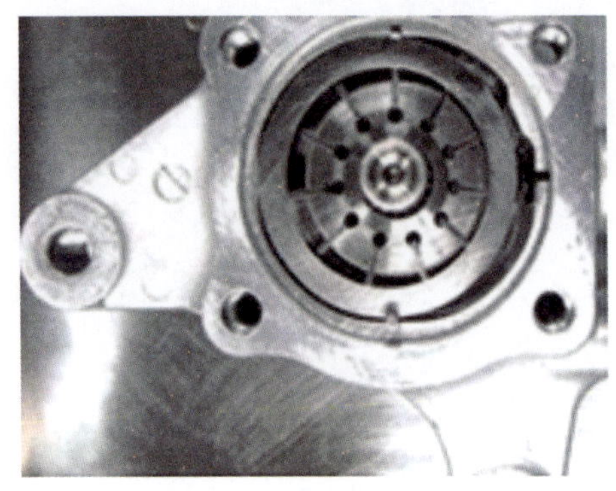

图 2-3-1　汽车空调压缩机

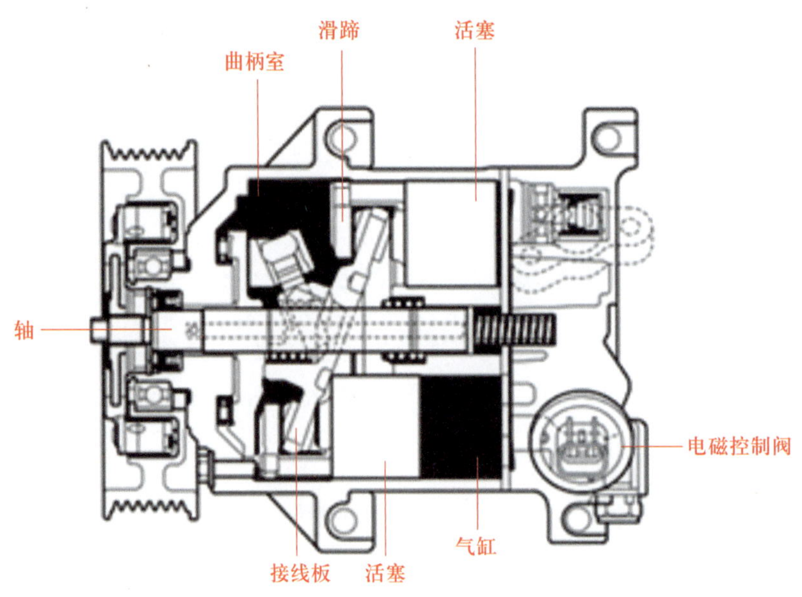

图 2-3-2　斜盘式压缩机

（2）斜盘式压缩机的工作原理

斜盘式压缩机的工作原理如图 2-3-3 所示。

1）曲柄室与__________相连，电磁控制阀安装在__________（低压）和排放通道__________之间。

2）根据空调放大器的__________，电磁控制阀以__________的方式进行工作。

3）电磁控制阀闭合时如图 2-3-4 所示，会产生一个____________，曲柄室内的压力降低。然后，作用在活塞右侧的压力将______________作用在活塞______________的压力，这样就会压缩____________并倾斜______________。因此，活塞________________。

4）电磁控制阀断开时如图 2-3-5 所示，压差__________。然后，作用在活塞左侧的压力将变得与作用在活塞右侧的______________。因此，______________且消除接线板的____________。从而，活塞______________________________________。

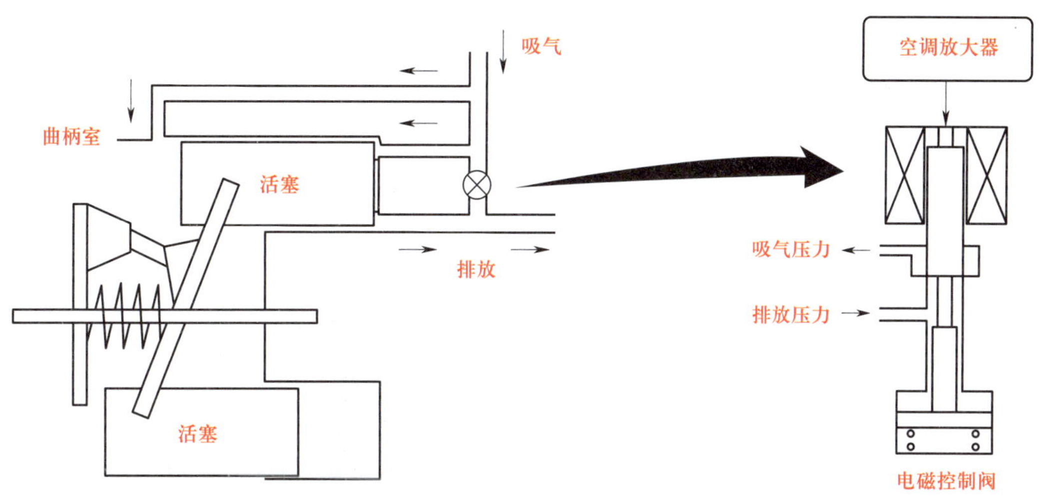

图 2-3-3　斜盘式压缩机的工作原理

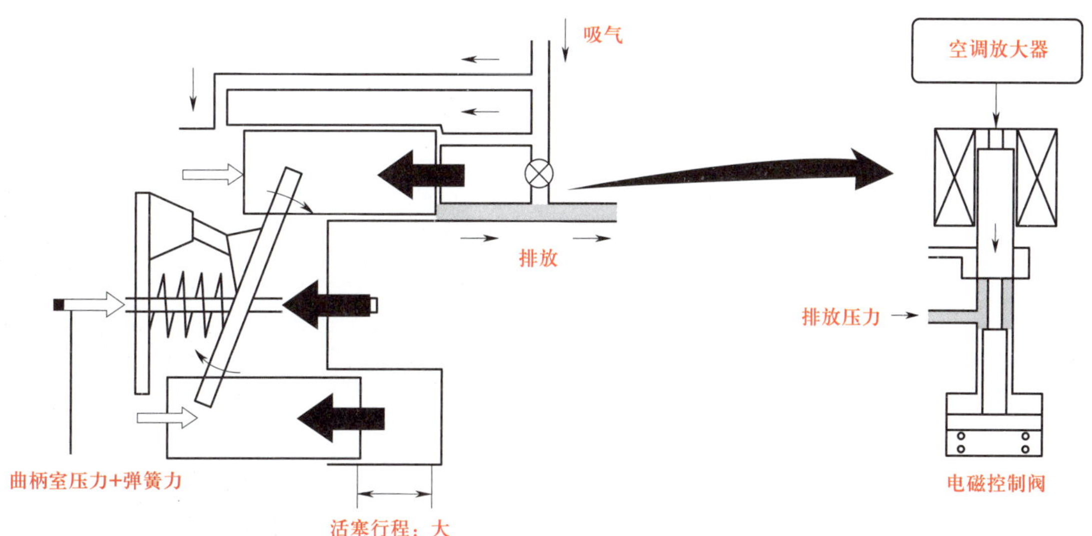

图 2-3-4　电磁控制阀闭合时的控制原理

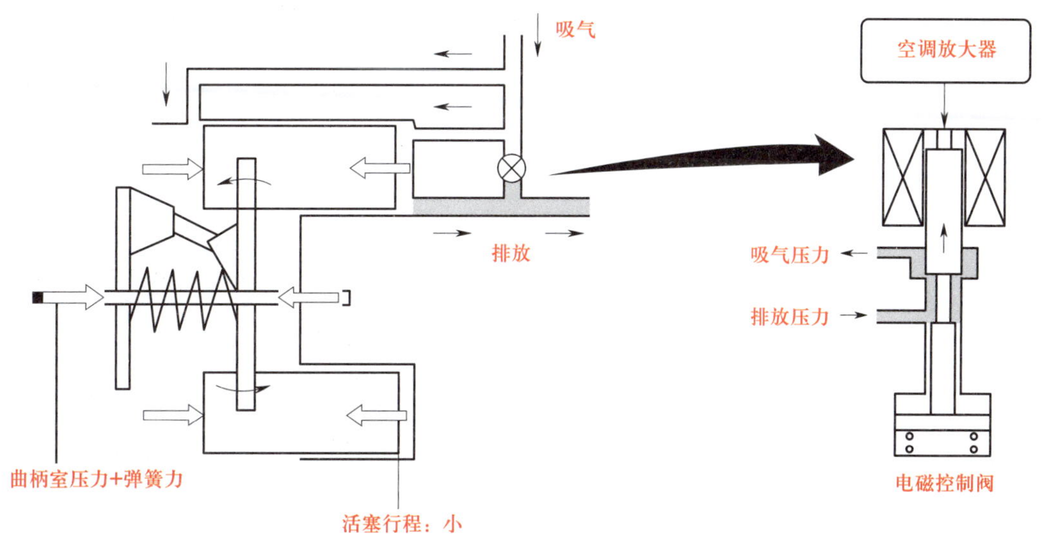

图 2-3-5　电磁控制阀断开时的控制原理

二、汽车空调压缩机的拆装

汽车空调压缩机的拆装流程见表 2-3-1。

表 2-3-1　汽车空调压缩机的拆装流程

顺序	拆装步骤	图片
1	拆下电磁离合器________及搭铁线	
2	回收________	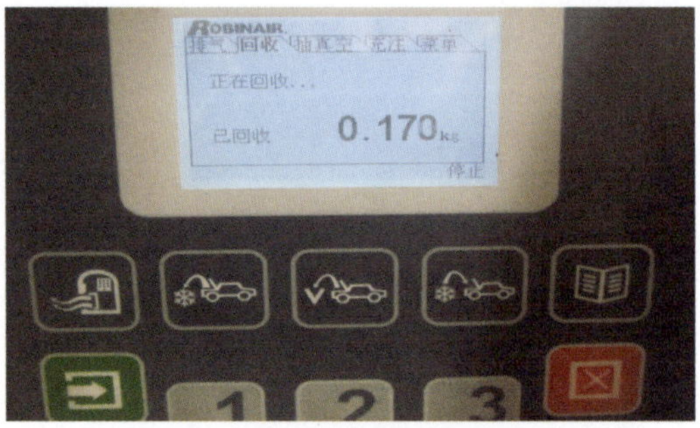
3	松开压缩机________	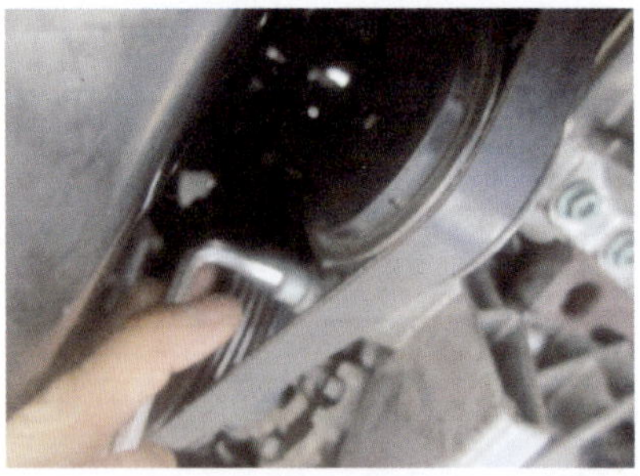
4	拆下压缩机________	

续表

顺序	拆装步骤	图片
5	拆下压缩机和 ____________ 的连接螺母	
6	松开压缩机的____________，取下________	
7	安装：按照与拆卸相反的顺序安装汽车空调压缩机	

三、汽车空调压缩机常见故障

1．分析故障原因

查阅资料，在表 2–3–2 中写出汽车空调压缩机常见故障可能的故障原因。

表 2–3–2　分析故障原因

故障现象	可能的故障原因
压缩机异响	
压缩机泄漏	
压缩机不工作	

2．制定维修方案

根据任务要求，制定小组维修方案。

（1）根据具体工作内容，明确小组成员分工，填写表 2–3–3。

表 2–3–3 小组成员分工

姓名	分工

（2）根据要求列出维修所需主要工具及材料清单，填写表 2–3–4。

表 2–3–4 维修所需主要工具及材料清单

序号	工具及材料名称	单位	数量	备注

（3）根据小组分工情况及客户要求，制定具体的维修工序，填写表 2–3–5。

表 2–3–5 维修工序安排

序号	维修工序内容	备注

四、学习过程评价

学习过程评价见表 2–3–6。

表 2–3–6　学习过程评价表

班级		姓名		学号		日期	年　月　日
序号	评价要点				配分	得分	总评
1	能正确识读和填写工作页，明确学习活动要求				10		A □（86 ~ 100） B □（76 ~ 85） C □（60 ~ 75） D □（60 以下）
2	能查阅资料，写出汽车空调压缩机的类型				10		
3	能描述斜盘式压缩机的工作原理				15		
4	能按规范流程，完成汽车空调压缩机的拆装				20		
5	能分析汽车空调压缩机常见故障				15		
6	能遵守劳动纪律，以积极的态度接受工作任务				10		
7	能积极参与小组讨论，发挥团队合作精神				10		
8	能及时完成教师布置的任务				10		
总　分					100		
小结建议							

学习活动 4　汽车空调制冷元件的检修

学习目标

1. 熟悉汽车空调冷凝器的作用、结构及类型。

2. 熟悉储液干燥器及节流装置的作用、结构及工作原理。

3. 能完成汽车空调冷凝器的拆卸、检查及安装。

4. 能完成储液干燥器、节流装置的拆卸、检查及安装。

建议学时：6 学时。

学习过程

一、汽车空调冷凝器

1．冷凝器的安装位置

冷凝器通常安装在______________前，如图 2-4-1 所示，通过风扇进行冷却，一般冷凝器与__________共用__________，有的车型采用专用的__________。有的冷凝器安装在汽车的__________或__________。

查阅资料，写出图 2-4-1 所示冷凝器各组成部件的名称。

2．冷凝器的作用

汽车空调冷凝器（见图 2-4-2）的作用是将压缩机排出的高温、高压制冷剂气体的热量_______（散发 / 吸收）到车外空气中，使高温、高压的_______（气态 / 液态）制冷剂冷凝成温度较高的高压_______（气体 / 液体）。

3．冷凝器的结构和类型

查阅车辆维修手册和相关资料，在表 2-4-1 中填写所缺内容。

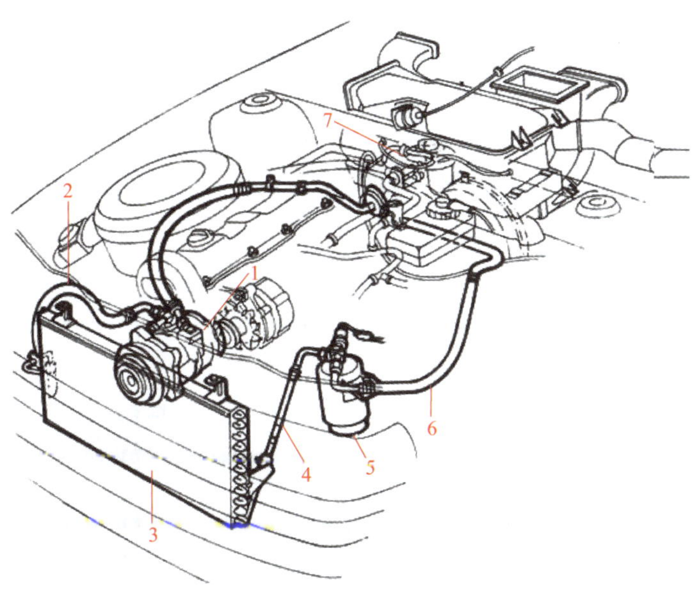

图 2-4-1　冷凝器的安装位置

1—压缩机　2—__________　3—__________　4—__________　5—__________　6—__________　7—__________

图 2-4-2　汽车空调冷凝器

表 2-4-1　冷凝器的结构和类型

类型	特点	图片
	由安装在一系列________上的__________管组成。它是汽车空调中早期采用的一种冷凝器。该冷凝器由于____________，目前已经____________	铜管 进口 翅片 出口

续表

类型	特点	图片
	将扁管弯成___________，在其中安装三角形翅片或其他类型的___________。这种冷凝器的___________比管片式冷凝器提高了约___________	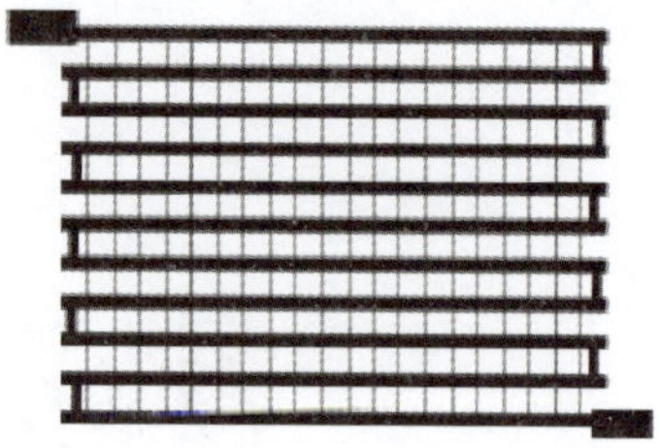
	由___________、扁管、___________以及连接管组成，是专门为___________提供的一种新型冷凝器。这种冷凝器的传热效率比管带式冷凝器提高了约___________	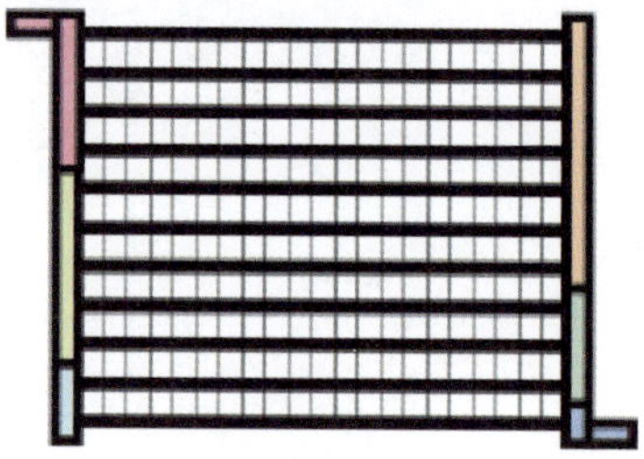

4．冷凝器的拆装

（1）冷凝器的拆装流程见表 2–4–2。查阅车辆维修手册和相关资料，在表 2–4–2 中填写所缺内容。

表 2–4–2　冷凝器的拆装流程

顺序	拆装步骤	拆装工具	图示
1	拆下___________		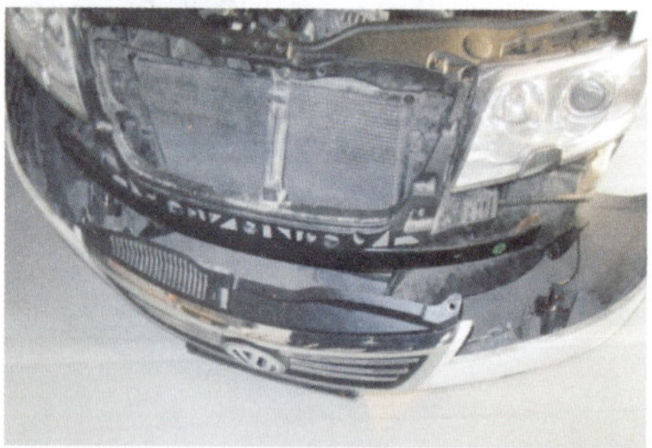
2	拆下___________		

续表

顺序	拆装步骤	拆装工具	图示
3	松开冷凝器上的________		
4	取下冷凝器两侧的_______		 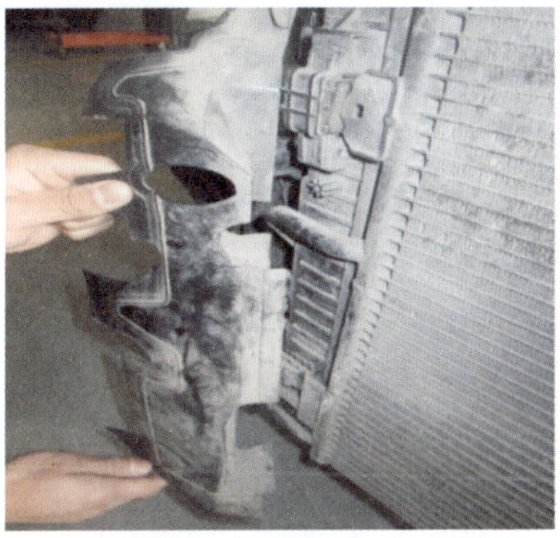
5	松开冷凝器两侧的_______及定位________		 

续表

顺序	拆装步骤	拆装工具	图示
6	从定位支座上取下________		
7	安装：按与拆卸相反的顺序安装冷凝器		

（2）观察实训用车的冷凝器，判断其属于________________类型的冷凝器。

（3）平行流冷凝器的优点：

1）增加________________。

2）提高冷凝器内流体温度，使流量分配____________。

3）降低制冷剂在冷凝器中的____________损失，减少压缩机____________。

二、储液干燥器

1．储液干燥器的结构与作用

在汽车空调制冷系统中，储液干燥器（见图 2-4-3）用来____________存储冷凝器液化的____________，并进行____________和____________处理。

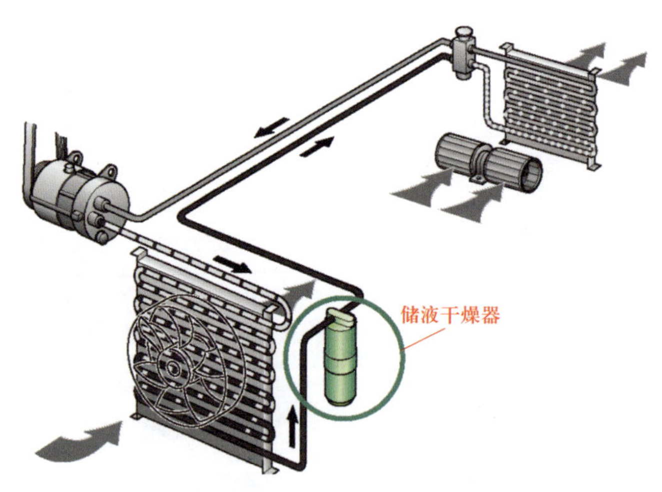

图 2-4-3　储液干燥器

储液干燥器安装在____________与____________之间，其作用是：______、______、____________制冷剂，防止______（气态 / 液态）制冷剂进入____________。

在图 2-4-4 中标出各序号对应的名称。

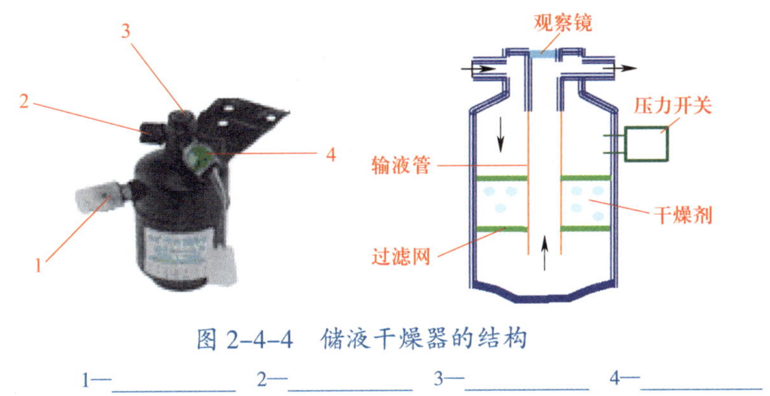

图 2-4-4　储液干燥器的结构

1—__________　2—__________　3—__________　4—__________

查阅车辆维修手册和相关资料，完成对图 2-4-5 中储液干燥器结构的描述。

（1）储存制冷剂。接受从__________（冷凝器 / 蒸发器）来的液体并加以储存，根据__________（冷凝器 / 蒸发器）的需要提供所需制冷剂量。

（2）过滤__________（杂质 / 水）。将系统中经常出现的杂质、脏物，如蠕迹、污垢、金属粒等过滤掉，这些杂质会__________（损伤 / 堵塞）压缩机气缸壁和轴承，还会__________（损伤 / 堵塞）过滤网和膨胀阀。

（3）吸收__________（湿气 / 废气）。汽车空调制冷系统要求湿气越少越好，因为湿气会造成“冰塞”并腐蚀系统管道，使之不能正常工作。

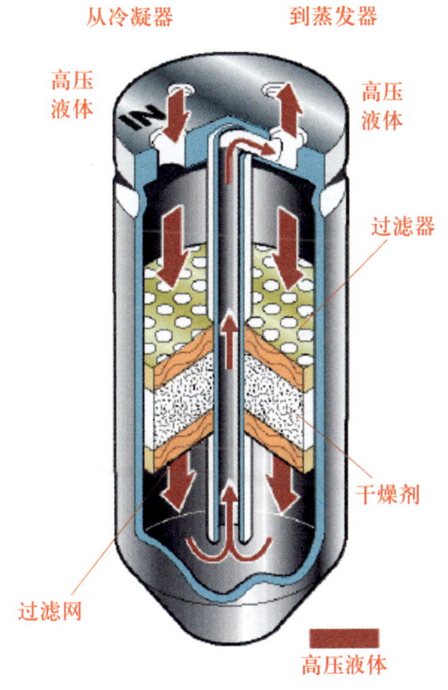

图 2-4-5　储液干燥器的结构

2．储液干燥器的工作过程

查阅车辆维修手册和相关资料，结合图 2-4-6 描述储液干燥器的工作过程。

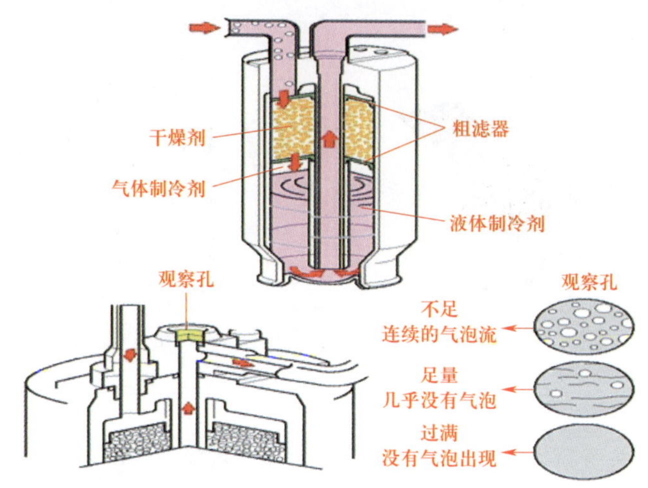

图 2-4-6　储液干燥器的工作过程

（1）干燥器盖上设有进液孔和出液孔，并装有玻璃视液孔（观察孔）和易熔塞。易熔塞的中部开有小孔，孔中灌有低熔点金属。当高压侧压力达到______MPa、温度达到______时，低熔点金属熔化，并把________排放到大气中，防止整个系统遭受损坏。

（2）玻璃视液孔用来观察制冷系统中制冷剂的流动状况。当制冷剂不足时，气泡呈现__________状态；当制冷剂充足时，气泡呈现__________状态；当制冷剂过满时，气泡呈现__________状态。

3．储液干燥器的拆卸

储液干燥器的拆卸流程见表 2-4-3，将表中所缺内容填写完整。

表 2-4-3　储液干燥器的拆卸流程

顺序	拆卸步骤	图示
1	拆卸蓄电池_________	
2	回收_________________	

续表

顺序	拆卸步骤	图示
3	拆卸________________	
4	拆卸________________	
5	拆下支架固定螺栓，取下______________	

4．储液干燥器的安装

（1）先将储液干燥器装入车上安装座内，然后取下储液干燥器封口塞和管路堵头，将管子接上储液干燥器，其拧紧力矩应达到________。

（2）对直立式储液干燥器而言，安装时一定要________，倾斜度不得超过________度。

（3）在安装新储液干燥器前，不得过早将其进、出管口的包装打开，以免外界________侵入内部，使之失去吸湿作用。

（4）安装前一定要先搞清楚储液干燥器的进口端和出口端，否则容易装错。一般在其进、出口端均打有记号，如进口端用英文字母______表示（应与冷凝器出口相接），出口端用“OUT”表示，或直接打上箭头，在安装时应注意。

（5）更换储液干燥器后，应加入润滑油________mL。

（6）储液干燥器安装好后，应对制冷系统进行_________，然后添加制冷剂。

5．储液干燥器的检修

（1）检查玻璃视液孔和____________，如果损坏，应予更换。

（2）使压缩机运转，在制冷系统工作过程中检查________。若温差很大，甚至出口处结霜，说明________堵塞。如果是可拆式，则应拆下滤网清洗；如果是不可拆式，则要更换储液干燥器。

（3）为防止空气进入储液干燥器，在安装与维修过程中，储液干燥器必须____________。

三、节流装置

1．节流装置的结构与原理

节流装置控制__________制冷剂液体进入蒸发器的__________，使制冷系统分为__________和__________，这样高压液体进入低压侧__________，达到吸热__________作用。

（1）常用的节流装置有________和节流管（孔管）两种。

（2）膨胀阀安装在____________，主要有两个作用：

1）________________________________。

2）________________________________。

2．膨胀阀

（1）膨胀阀的类型

膨胀阀按照________________________不同，分为________________和________________两种。外平衡式膨胀阀又可分为________________和________________两种结构形式。

（2）内平衡式膨胀阀的结构和工作原理

内平衡式膨胀阀如图2-4-7所示，由________、________、________三部分组成。热敏管内充注________，放置在蒸发器______________，热敏管和膜片上部通过________________相连，感受蒸发器出口制冷剂气体____________，膜片下面感受到的是蒸发器____________。如果空调__________，制冷剂气体在蒸发器提前________________，则蒸发器出口处制冷剂气体____________，膜片上___________增大，推动阀杆使膨胀阀__________，进入到蒸发器中的制冷剂气体流量________，制冷量____________；如果空调负荷____________，则蒸发器出口处制冷剂气体温度降低，以同样的作用原理使____________，从而控制制冷剂____________。

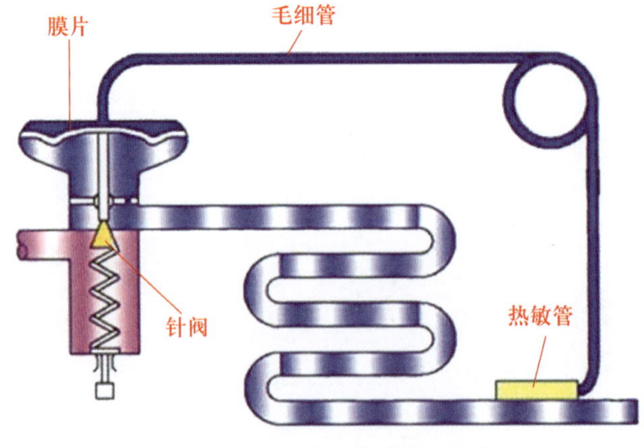

图2-4-7 内平衡式膨胀阀

（3）外平衡式 F 型膨胀阀的结构和工作原理

外平衡式 F 型膨胀阀如图 2-4-8 所示，与内平衡式膨胀阀原理__________，区别是：内平衡式膨胀阀膜片下面感受到的是蒸发器__________，而外平衡式膨胀阀膜片下面感受到的是__________。

（4）外平衡式 H 型膨胀阀的结构和工作原理

外平衡式 H 型膨胀阀如图 2-4-9 所示，由___________与制冷系统连接，其中两个接口与普通热力膨胀阀相同，一个连接___________，另一个连接___________；另外两个接口，一个连接蒸发器________________，另一个连接压缩机___________。外平衡式 H 型膨胀阀直接处于蒸发器出口的制冷剂气体气流中。该膨胀阀由于取消了 F 型膨胀阀中的__________、毛细管和__________，提高了调节__________，结构紧凑，__________。

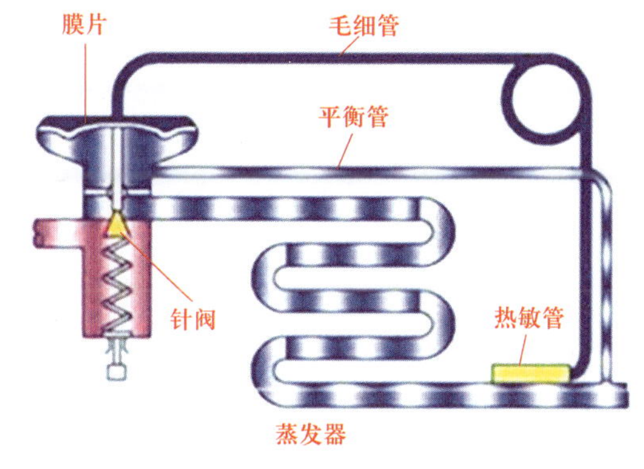

图 2-4-8　外平衡式 F 型膨胀阀

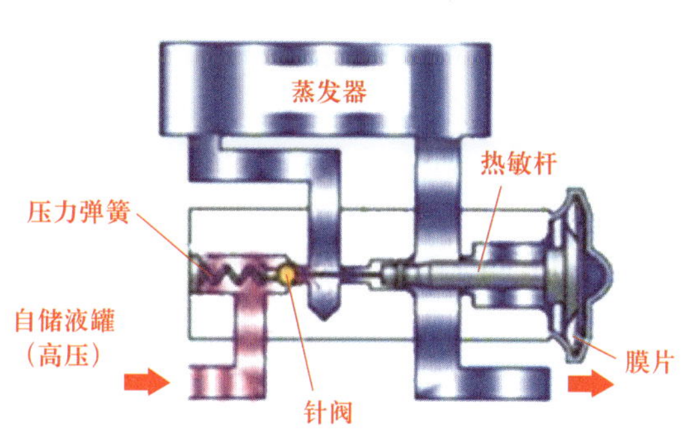

图 2-4-9　外平衡式 H 型膨胀阀

（5）膨胀阀的检查与更换

1）膨胀阀是制冷系统中___________极高的元件，检修时应特别小心，防止___________。

2）拆卸膨胀阀后，应检查其进口处的___________，如有污物，则应清洗；如果膨胀阀的感温包有___________，就要更换___________。

3）膨胀阀可___________和___________，装配后要进行性能___________和调整，一般膨胀阀出现故障时___________。

3．节流管

（1）节流管如图 2-4-10 所示，安装位置在___________与___________之间。其作用是对制冷剂进行__________降压，使之成为___________的气液两相体。

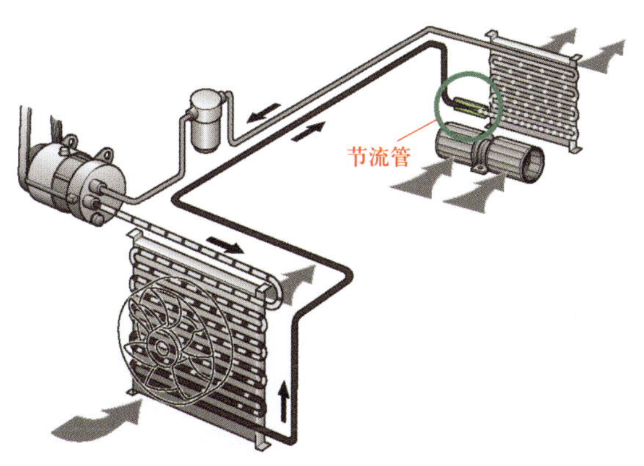

图 2-4-10　节流管

（2）查阅车辆维修手册和相关资料，写出图 2-4-11 中各零部件的名称。

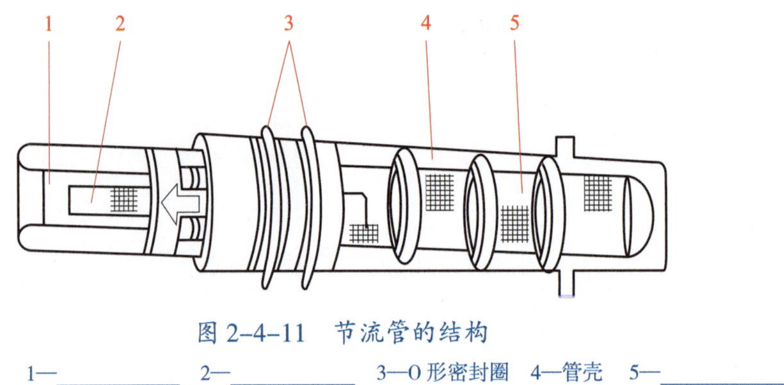

图 2-4-11　节流管的结构

1—__________　2—__________　3—O 形密封圈　4—管壳　5—__________

（3）查阅车辆维修手册和相关资料，完成关于图 2-4-12 所示节流管工作原理的描述。

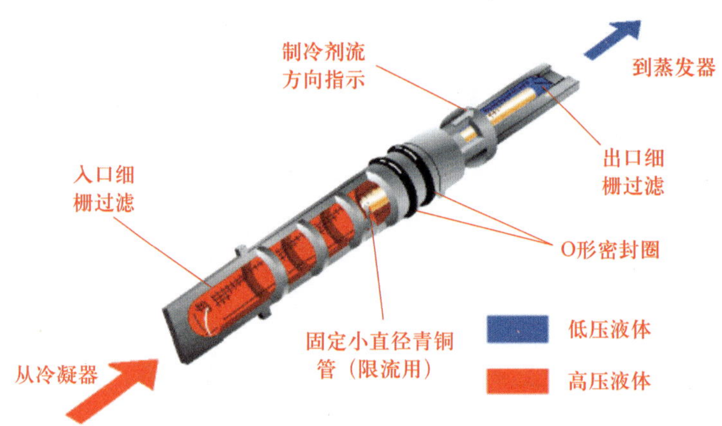

图 2-4-12　节流管的工作原理

由于节流孔管内径________（很小 / 很大），对制冷剂流动阻力________（很小 / 很大），从冷凝器处流来的高压液体的压力迅速__________（降低 / 升高），制冷剂流出细管后，因流通面积突然__________（扩大 / 缩小），制冷剂迅速膨胀__________（汽化 / 液化）吸热，达到制冷的目的。

由于节流管没有运动件，所以__________，常见故障是________或节流管________，更换新节流管即可排除故障。

（4）查阅车辆维修手册和相关资料，完成节流管的拆装。

1）排空系统内的____________（制冷剂 / 空气）。

2）拆下固定管的____________。

3）从蒸发器上拆下__________（管子 / 螺母），用尖嘴钳或专用拆卸工具，从蒸发器____________（入口 / 出口）处拆下节流孔管。

4）安装时使用________（O/U）形密封圈，插入节流孔管时注意__________（箭头 / 标志）应指向蒸发器，并一直插到位为止。

四、学习过程评价

学习过程评价见表 2-4-4。

表 2-4-4　学习过程评价表

班级		姓名		学号		日期	年　月　日
序号	评价要点				配分	得分	总评
1	能正确识读和填写工作页，明确学习活动要求				10		A □（86 ~ 100） B □（76 ~ 85） C □（60 ~ 75） D □（60 以下）
2	能查阅资料，写出冷凝器的结构与工作原理				10		
3	能查阅资料，写出储液干燥器的结构与工作原理				10		
4	能查阅资料，写出节流装置的结构与工作原理				10		
5	能按规范流程，完成冷凝器的拆装与检修				20		
6	能按规范流程，完成汽车空调制冷元件的拆装与检修				10		
7	能遵守劳动纪律，以积极的态度接受工作任务				10		
8	能积极参与小组讨论，发挥团队合作精神				10		
9	能及时完成教师布置的任务				10		
总　分					100		
小结 建议							

学习活动5　汽车空调系统基本检查

1. 能完成汽车空调系统功能检查。
2. 能完成汽车空调系统性能检查。
3. 能完成汽车空调出风口温度测量。
4. 能完成汽车空调系统压力测试。

建议学时：2学时。

学习过程

一、汽车空调系统功能检查

参照车辆维修手册，进行汽车空调系统功能检查，并填写表2–5–1。

表2–5–1　汽车空调系统功能检查

序号	检查项目	正常	不正常
1	制冷管路接头有无油渍		
2	制冷系统压力开关插头有无脱落		
3	冷凝器外部有无杂物		
4	电磁离合器是否吸合		
5	制冷系统高、低压管路温度是否正常		
6	开启空调开关，检查散热风扇是否转动		
7	检查车厢内出风口温度（温度应为3～5℃）		
8	检查各出风口的通风量是否正常		
9	检查压缩机是否有异响		

二、汽车空调系统性能检查

对照图2–5–1所示的汽车空调操作按钮，完成操作检查，确认空调性能，并填写表2–5–2。

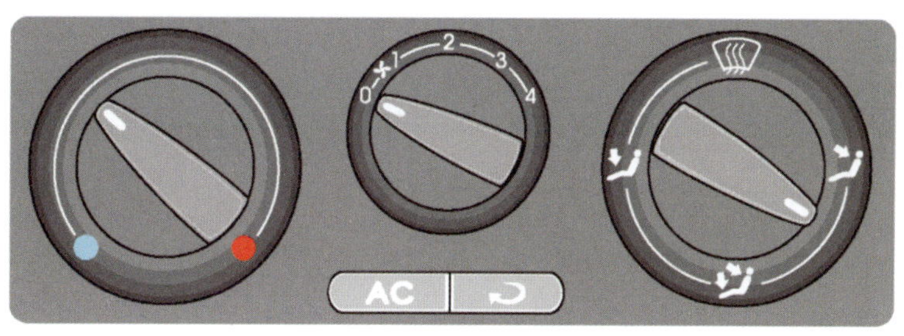

图 2-5-1　汽车空调操作按钮

表 2-5-2　汽车空调性能检查

序号	操作内容	观察对象	正常	不正常
1	打开点火开关	观察各指示灯		
2	按下 A/C 开关按钮	感受出风口有无冷风		
3	按下内循环按钮	观察是否进入内循环模式		
4	操作鼓风机开关	感受出风口风量大小		
5	操作温度调节按钮	感受温度是否有变化		
6	释放内外循环按钮	观察能否进行内外气流切换		

三、汽车空调出风口温度测量

查阅资料，汽车空调出风口出风温度在________℃为正常温度，将表 2-5-3 中的内容填写完整。

表 2-5-3　出风口温度测量

序号	图片	检测方法与步骤
1		将车辆停放在________环境下
2		打开 A/C 开关，将温度调节旋钮调整到________位置，将鼓风机开关打到________挡位，出风方式为________

续表

序号	图片	检测方法与步骤
3		发动机转速保持在________之间
4		使用仪器测量______的温度，并记录该温度值 温度值：________ 该仪器名称：________
判断检查结果：		

四、汽车空调系统压力测试

1．查阅车辆维修手册，记录待检车辆空调系统的压力值。

高压压力：____________，低压压力：____________。

2．参照图片操作顺序检查汽车空调系统压力，并将表 2–5–4 中的内容填写完整。

表 2–5–4　　汽车空调系统压力测试

顺序	操作内容	图片	操作记录
1	将车辆停放在阴凉处		
2	打开发动机舱盖，安装防护三件套		

续表

顺序	操作内容	图片	操作记录
3	将歧管压力表的高、低压维修软管连接到空调系统		红色高压软管连接到__________，蓝色低压软管连接到__________，________（关闭 / 开启）压力表的高、低压手动阀
4	启动发动机		将发动机转速控制在__________r/min，使压力表指针稳定
5	操作空调控制面板	外循环模式 鼓风机最大挡 A/C空调开关	打开 A/C 开关，进风方式选择为________（内 / 外）循环，温度设定为__________，风机转速为__________
6	记录歧管压力表上的系统压力值		高压压力：__________ 低压压力：__________

测量结果与标准压力对比：□正常　□不正常

3．查阅资料，在表 2-5-5 中填写汽车空调系统压力不正常可能的故障原因。

表 2-5-5　分析故障原因

故障现象	可能的故障原因
低压侧和高压侧压力都低于正常值	
低压侧和高压侧压力都高于正常值	
低压侧压力偏高，高压侧压力偏低	
低压侧压力偏低，高压侧压力偏高	

五、学习过程评价

学习过程评价见表 2-5-6。

表 2-5-6　　学习过程评价表

<table>
<tr><td>班级</td><td></td><td>姓名</td><td></td><td>学号</td><td></td><td>日期</td><td>年　月　日</td></tr>
<tr><td>序号</td><td colspan="4">评价要点</td><td>配分</td><td>得分</td><td>总评</td></tr>
<tr><td>1</td><td colspan="4">能正确识读和填写工作页，明确学习活动要求</td><td>10</td><td></td><td rowspan="10">A □（86 ~ 100）
B □（76 ~ 85）
C □（60 ~ 75）
D □（60 以下）</td></tr>
<tr><td>2</td><td colspan="4">能完成汽车空调系统功能检查</td><td>10</td><td></td></tr>
<tr><td>3</td><td colspan="4">能完成汽车空调系统性能检查</td><td>10</td><td></td></tr>
<tr><td>4</td><td colspan="4">能完成汽车空调出风口温度测量</td><td>10</td><td></td></tr>
<tr><td>5</td><td colspan="4">能完成汽车空调系统压力测试</td><td>20</td><td></td></tr>
<tr><td>6</td><td colspan="4">能分析汽车空调系统压力不正常的故障原因</td><td>10</td><td></td></tr>
<tr><td>7</td><td colspan="4">能遵守劳动纪律，以积极的态度接受工作任务</td><td>10</td><td></td></tr>
<tr><td>8</td><td colspan="4">能积极参与小组讨论，发挥团队合作精神</td><td>10</td><td></td></tr>
<tr><td>9</td><td colspan="4">能及时完成教师布置的任务</td><td>10</td><td></td></tr>
<tr><td colspan="5">总　分</td><td>100</td><td></td></tr>
<tr><td>小结
建议</td><td colspan="7"></td></tr>
</table>

学习活动 6　汽车空调风扇控制电路简单故障检修

学习目标

1. 了解汽车空调风扇的结构及原理。
2. 能完成汽车空调风扇的拆卸及安装。
3. 了解汽车空调风扇的控制原理，并识读汽车空调风扇控制电路图。
4. 能正确测量汽车空调风扇控制电路。
5. 能分析汽车空调风扇简单故障。

建议学时：6 学时。

学习过程

一、汽车空调风扇的结构及原理

汽车空调风扇如图 2–6–1 所示，根据冷却液________和空调__________组合控制。不开空调时，根据冷却液温度控制风扇的________，当冷却液温度为__________时，风扇________；当冷却液温度升高到一定数值时，风扇以________运转；当温度进一步升高到________时，风扇___________。开启空调时，不管冷却液温度________，风扇________，系统压力正常时，风扇________运转；当系统压力高于一定数值时，风扇________运转。

图 2–6–1　汽车空调风扇

空调风扇的控制电路主要由水温开关、压力开关、______________、风扇电动机组成。水温开关感测冷却液的________(温度/流量)，作为控制空调风扇高低速运转的信号。在开启空调时，压力开关感测制冷系统的________(温度/压力)，作为控制空调风扇高低速运转的信号。风扇控制器根据水温开关和压力开关的信号，控制风扇的______________(开启/高低速运转)。风扇电动机为执行元件。

空调风扇控制电路主要有空调开关直接控制型、A/C开关和水温开关联合控制型、空调放大器控制型三种。

1．空调开关直接控制型

如图2-6-2所示，当接通________时，继电器的电磁线圈有________通过，并产生磁力吸合触点，这时电流由12 V直流电源→继电器的____________→____________→______________，空调风扇电动机便通电运转；关闭空调开关时，继电器电磁线圈______________、____________，继电器触点____________，空调风扇电动机停止运转。

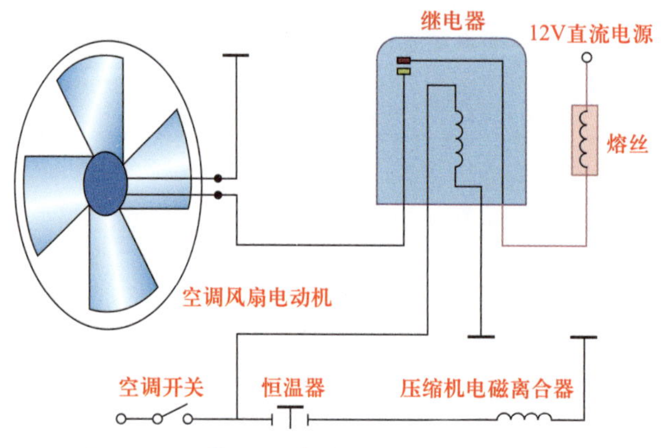

图2-6-2　空调开关直接控制型的工作原理

2．A/C开关和水温开关联合控制型

如图2-6-3所示，风扇电动机转速的改变是通过改变线路中____________的方法实现的，起关键控制作用的是____________和____________开关。当空调开关开启时，常速风扇继电器____________，由于线路中________一个电阻，所以风扇________。当冷却系统水温达到________时，水箱风扇也________运转；一旦发动机水温升至________时，水箱风扇________运转，以加强______________。

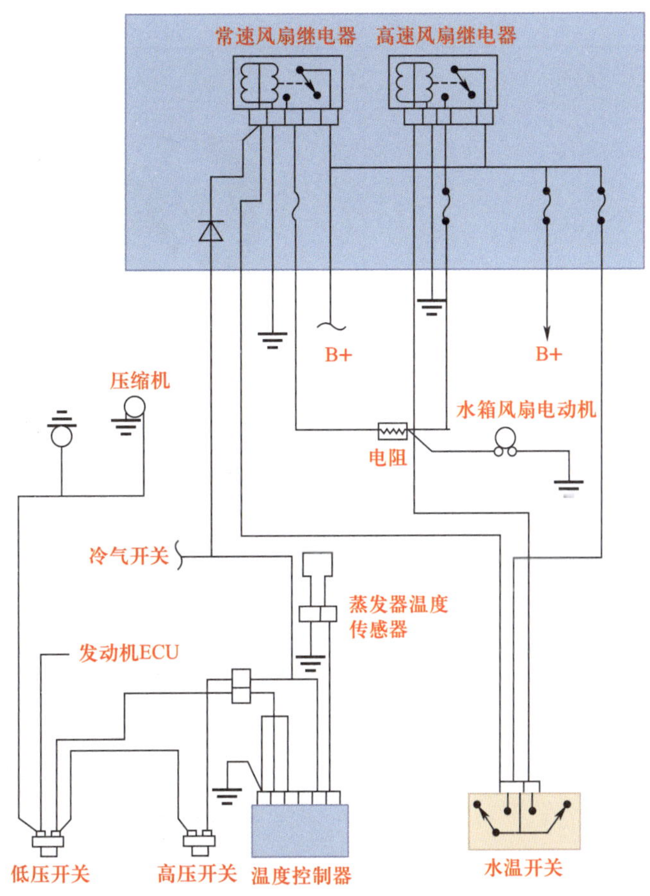

图 2-6-3　A/C 开关和水温开关联合控制型的工作原理

3．空调放大器控制型

手动空调放大器集成了________________控制这一功能，内部配置有用于控制__________的两个继电器，一个用于控制________，另一个用于控制________。

二、汽车空调风扇的拆卸

汽车空调风扇的拆卸流程见表 2-6-1，完成表中所缺内容。

表 2-6-1　汽车空调风扇的拆卸流程

顺序	拆卸步骤	图示
1	拆卸蓄电池____________	

续表

顺序	拆卸步骤	图示
2	拆卸______________	 A
3	分离______________	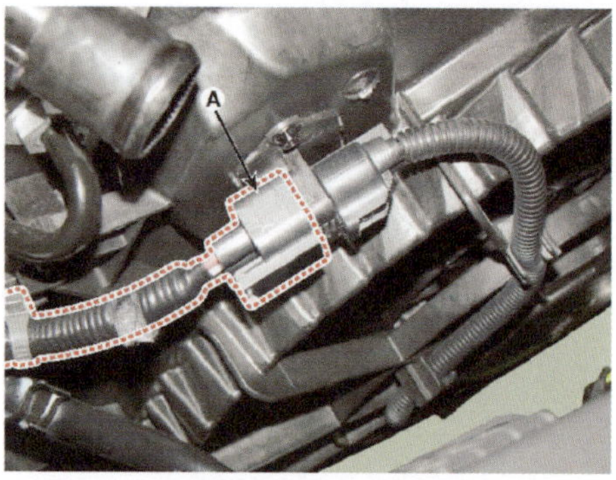 A
4	分离______________	 A
5	拆卸______________	 A

三、汽车空调风扇的控制原理

上汽通用威朗空调风扇控制电路如图 2-6-4 所示，回答下列问题。

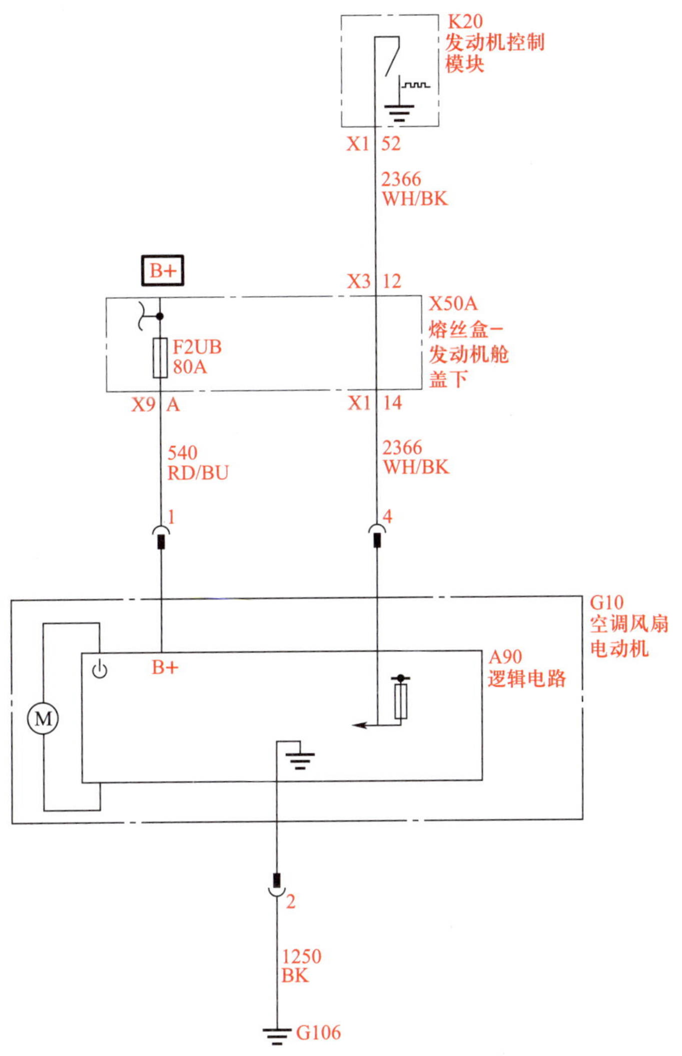

图 2-6-4 上汽通用威朗空调风扇控制电路

1．空调风扇系统由__________和__________组成。发动机控制模块（ECM）通过向__________模块发送__________信号来控制__________。空调风扇控制模块通过__________来改变风扇电动机的__________，使空调风扇能在可变速度下运行。

2．发动机控制模块控制风扇在以下条件下运行：

（1）发动机冷却液温度____________________。

（2）发动机机油温度____________________。

（3）空调压力达到____________________。

（4）钥匙关闭后，如果发动机__________高于__________，或__________超过了预定值，则空调风扇将在____________________。

3．该空调风扇采用________型。

A．空调开关直接控制型

B．A/C 开关和水温开关联合控制型

C．制冷剂压力开关与水温开关组合控制型

D．水温开关、制冷剂压力开关与 ECM 组合控制型

4．写出空调风扇控制电路的组成部件。

5．G10 称为________，它有________端子和________插头。

（1）1 号针脚的功能是________。

（2）4 号针脚的功能是________。

（3）2 号针脚是________线。

（4）导线 RD 是指______颜色，BU 是指______颜色，WH 是指______颜色，BK 是指________颜色。

6．如果想要空调风扇电动机 4 号针脚有信号，须正常接通哪些开关?

7．________接收________的信号，当压力大于________时，风扇会自动接通高速。

8．空调风扇控制电路的测量

当点火开关置于________挡位置时，用万用表检测________针脚与________针脚之间的电压，电压值在 A/C 开关关闭时应为________，在风扇低速运转时应为________，在风扇高速运转时应为________________。

四、汽车空调传感器的测量

1．水温传感器

（1）水温传感器如图 2-6-5 所示，其内部是一个________的________，其作用是将水温信号变换为________输入________，作为空调风扇的________。

（2）水温传感器安装在发动机________或______，其内部是一个负温度系数的热敏电阻，如图 2-6-6 所示。该电阻具有________的特性，温度高时________，________时电阻值增大，输出的________________也随之改变。

图 2-6-5　水温传感器

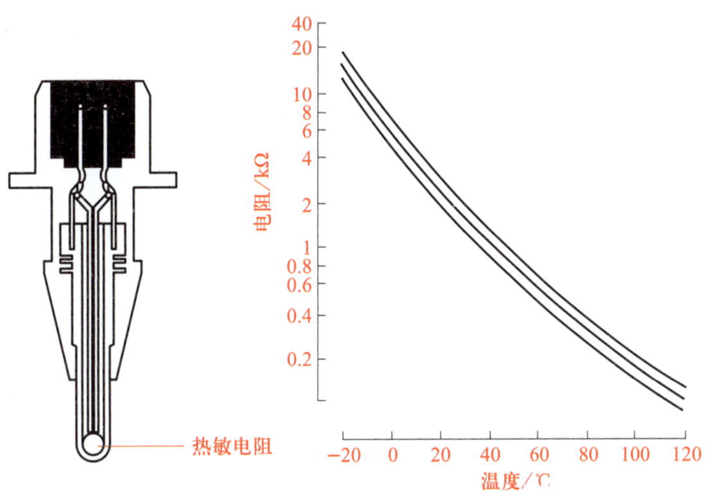

图 2-6-6　水温传感器的工作原理

（3）水温传感器控制电路如图 2-6-7 所示，回答下列问题。

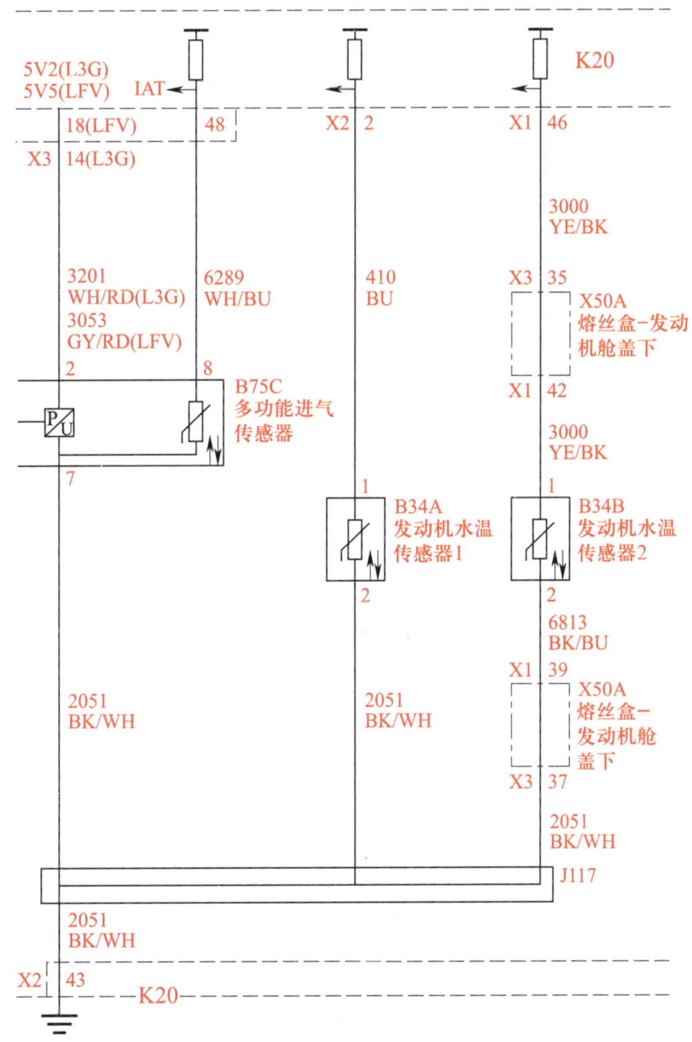

图 2-6-7　水温传感器控制电路

B34A 是____________，X2/2 的功能是____________，X2/43 的功能是____________。

（4）水温传感器的检测

1）检测水温传感器电阻（填写表 2–6–2）

表 2–6–2　　水温传感器电阻的检测

温度 /℃	电阻 /Ω
70	
80	
90	
100	

将点火开关置于______挡，将水温传感器拆下，用____________、红外线烤灯或热水加热水温传感器，测量在不同温度下水温传感器____________针脚与____________针脚之间的电阻值。

2）检测输出信号电压值

将点火开关置于______挡，用万用表检测______针脚与______针脚之间的电压，电压值在 80 ℃时应为________，在 90 ℃时应为________，在 100 ℃时应为__________________。

2. 空调压力传感器

（1）空调压力传感器的结构

空调压力传感器的结构如图 2–6–8 所示，位于制冷剂管路__________的压力传感器对制冷系统起到____________作用，防止压力过高或过低对其造成损坏。当压力传感器检测到高压侧的压力高于 2 746 kPa 或低于__________时，压缩机________。压力传感器除用于压力控制外，还作为________的控制信号，当检测压力高于________时，空调风扇将________。

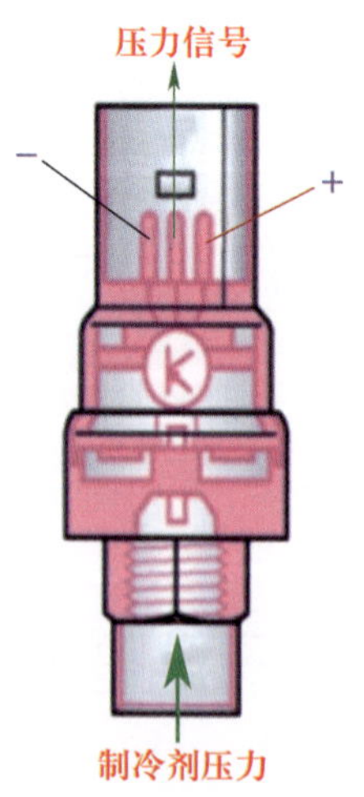

图 2–6–8　空调压力传感器

（2）空调压力传感器电路

空调压力传感器电路如图 2-6-9 所示，回答下列问题。

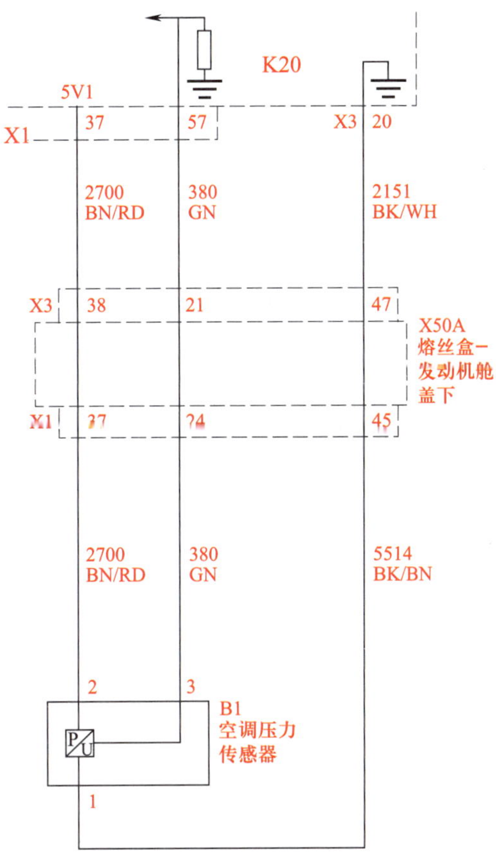

图 2-6-9 空调压力传感器电路

B1 是______________，X1/37 的功能是______________，X1/57 的功能是______________，X3/20 的功能是______________。

（3）空调压力传感器的检测

将点火开关置于________挡，用万用表检测________针脚与________针脚之间的电压，电压值在 A/C 开关关闭时应为______________，在 A/C 开关打开时应为____________，在空调风扇低速运转时应为________________。

五、汽车空调风扇简单故障分析

1．分析故障原因

查阅资料，在表 2-6-3 中写出空调风扇简单故障可能的故障原因。

表 2-6-3 分析故障原因

故障现象	可能的故障原因
空调风扇异响	

续表

故障现象	可能的故障原因
空调风扇异响	
空调风扇不工作	

2．制定维修方案

根据任务要求，制定小组维修方案。

（1）根据具体工作内容，明确小组成员分工，填写表 2–6–4。

表 2–6–4　小组成员分工

姓名	分工

（2）根据要求列出维修所需主要工具及材料清单，填写表 2–6–5。

表 2–6–5　维修所需主要工具及材料清单

序号	工具及材料名称	单位	数量	备注

（3）根据小组分工情况及客户要求，制定具体的维修工序，填写表 2-6-6。

表 2-6-6　　维修工序安排

序号	维修工序内容	备注

六、学习过程评价

学习过程评价见表 2-6-7。

表 2-6-7　　学习过程评价表

<table>
<tr><td>班级</td><td></td><td>姓名</td><td></td><td>学号</td><td></td><td>日期</td><td>年　月　日</td></tr>
<tr><td>序号</td><td colspan="5">评价要点</td><td>配分</td><td>得分</td><td>总评</td></tr>
<tr><td>1</td><td colspan="5">能正确识读和填写工作页，明确学习活动要求</td><td>10</td><td></td><td rowspan="10">A □（86 ~ 100）
B □（76 ~ 85）
C □（60 ~ 75）
D □（60 以下）</td></tr>
<tr><td>2</td><td colspan="5">能查阅资料，写出空调风扇的结构及工作原理</td><td>10</td><td></td></tr>
<tr><td>3</td><td colspan="5">能查阅资料，写出水温传感器的结构及工作原理</td><td>10</td><td></td></tr>
<tr><td>4</td><td colspan="5">能查阅资料，写出空调压力传感器的结构及工作原理</td><td>10</td><td></td></tr>
<tr><td>5</td><td colspan="5">能按规范流程，完成空调风扇的拆装与检修</td><td>20</td><td></td></tr>
<tr><td>6</td><td colspan="5">能分析空调风扇简单故障</td><td>10</td><td></td></tr>
<tr><td>7</td><td colspan="5">能遵守劳动纪律，以积极的态度接受工作任务</td><td>10</td><td></td></tr>
<tr><td>8</td><td colspan="5">能积极参与小组讨论，发挥团队合作精神</td><td>10</td><td></td></tr>
<tr><td>9</td><td colspan="5">能及时完成教师布置的任务</td><td>10</td><td></td></tr>
<tr><td colspan="6">总　分</td><td>100</td><td></td></tr>
<tr><td>小结
建议</td><td colspan="8"></td></tr>
</table>

学习活动 7　压缩机电磁离合器控制电路简单故障检修

学习目标

1. 了解汽车空调压缩机电磁离合器的结构及工作原理。
2. 能完成汽车空调压缩机电磁离合器的拆装。
3. 能识读汽车空调压缩机电磁离合器控制电路图。
4. 能完成汽车空调压缩机电磁离合器的检修。
5. 能分析汽车空调压缩机电磁离合器简单故障。

建议学时：6 学时。

学习过程

一、压缩机电磁离合器的结构及工作原理

压缩机电磁离合器是汽车__________与__________之间的一个动力传递装置，汽车空调压缩机是由汽车发动机通过______________________来驱动的。电磁离合器在压缩机运行时会频繁吸合，故障率较高。

1．电磁离合器的结构

电磁离合器一般由____________、____________和____________三部分组成。查阅资料，写出图 2–7–1 所示汽车空调压缩机电磁离合器各部件的名称。

2．电磁离合器的工作原理

电磁线圈固定在压缩机的__________上，驱动盘与压缩机的________相连接，带轮通过__________安装在压缩机__________上，可以__________。当空调开关__________时，电流通过电磁离合器的__________，电磁线圈产生__________，使压缩机的驱动盘与带轮__________，将发动机的__________传递给压缩机__________，使压缩机主轴___________。当___________空调开关时，电磁线圈__________，在弹簧片作用下驱动盘和________________，压缩机_________________。

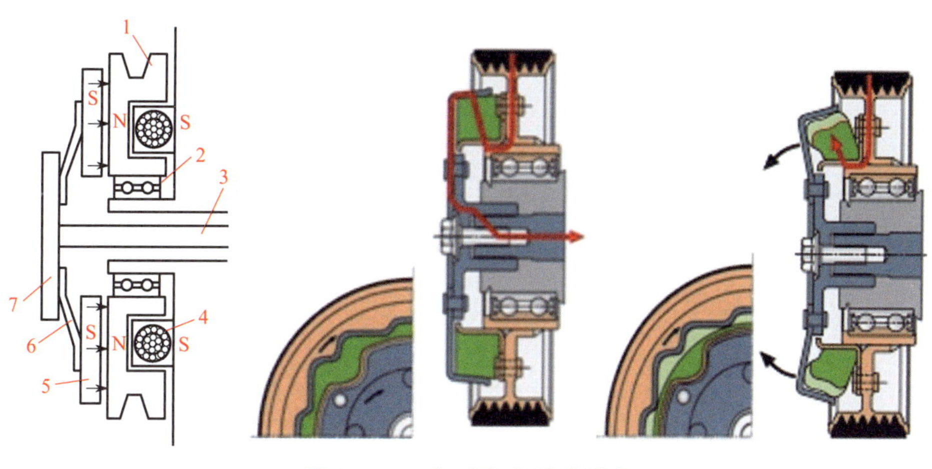

图 2-7-1　电磁离合器的结构

1—____________　2—____________　3—____________　4—____________

5—____________　6—____________　7—____________

二、压缩机电磁离合器的控制原理

根据控制元件的不同，压缩机控制方式分为以下三种：开关控制、空调控制器控制和发动机 ECU 控制。

1．开关控制

开关控制的控制原理如图 2-7-2 所示。当________、________开关、温控器开关、________闭合时，压缩机________，压缩机电磁离合器通电，____________。

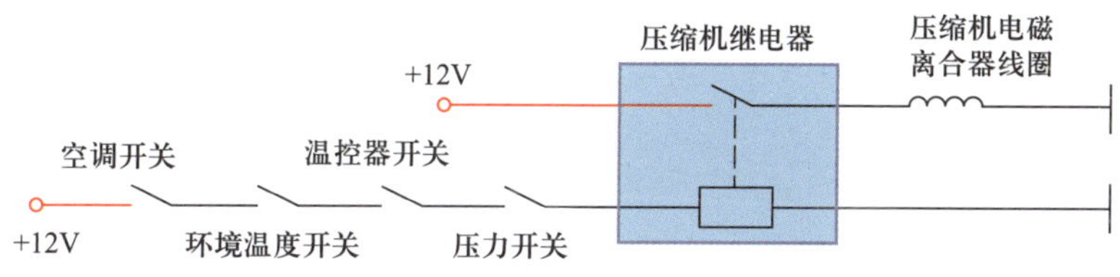

图 2-7-2　开关控制的控制原理

2．空调控制器控制

在空调控制器控制系统中，空调控制器内部有____________常规______触点继电器，即____________继电器和____________继电器。____________通过空调控制器控制空调压缩机电磁离合器__________________，如图 2-7-3 所示。

当按下空调开关后，空调信号经过____________、________进入__________的 28 号端子。________接收到该信号后，通过 76 号端子将信号传给__________，同时根据______________的信号，确定压缩机电磁离合器________________。

3．发动机 ECU 控制

由图 2-7-4 可知，该控制系统有一个特点，就是在打开空调开关前，必须先打开鼓风机________，让鼓风机________。这样，蒸发器工作__________，鼓风机就已经开始__________，防止蒸发器__________。鼓风机运行后，打开空调开关，这时空调开关信号分成____________：一路进入_________________，ECU 提

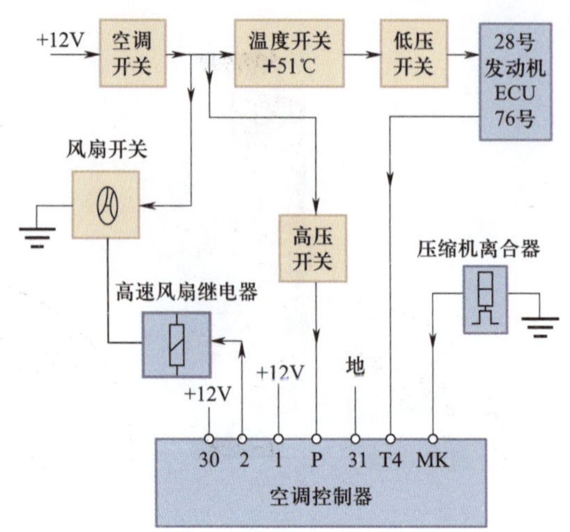

图 2-7-3　空调控制器控制的控制原理

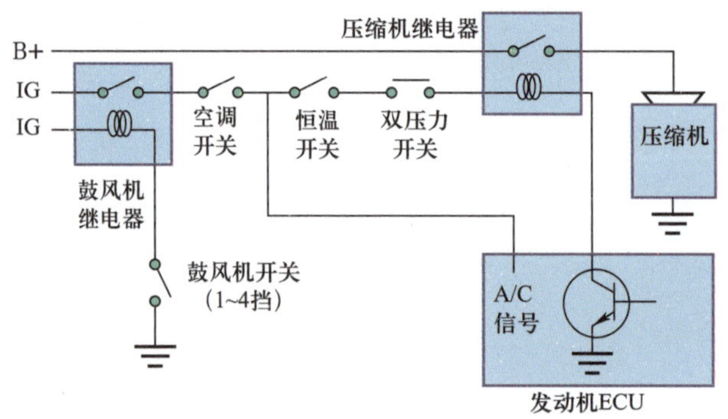

图 2-7-4　发动机 ECU 控制的控制原理

高______________，做好空调开启准备；另一路经______________到达压缩机继电器电磁线圈端子，发动机 ECU 控制________________的另一端子__________时，继电器____________，触点____________，接通空调压缩机__________。

三、压缩机电磁离合器的拆装

压缩机电磁离合器的拆装流程见表 2-7-1，将表格中所缺内容填写完整。

表 2-7-1　　压缩机电磁离合器的拆装流程

图示	步骤
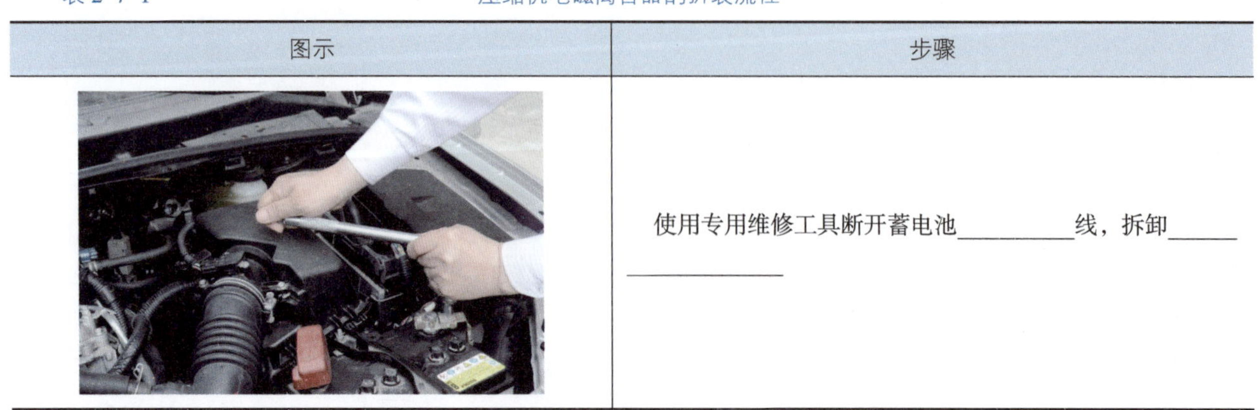	使用专用维修工具断开蓄电池_________线，拆卸______________

续表

图示	步骤
	拆卸__________
	拆卸六角组合__________，将工具组合成左图所示的形式，将__________拧进__________并将其固定，用__________拧松六角组合螺栓
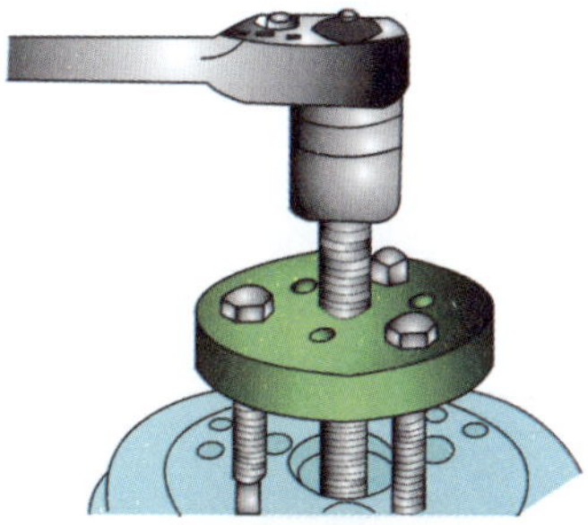	拆卸离合器__________，将工具组合成左图所示的形式，沿__________方向转动工具，将离合器__________取出
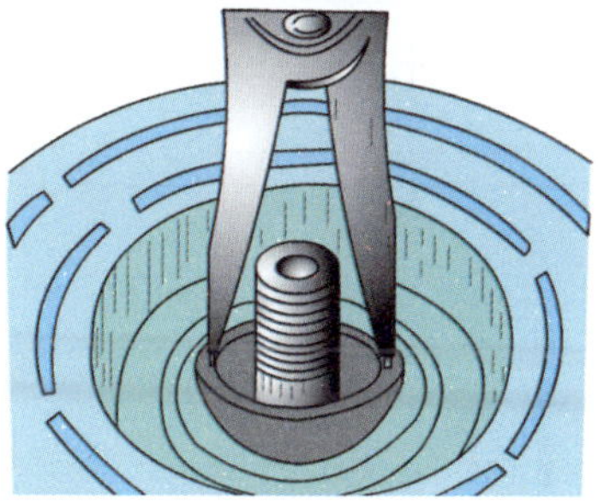	拆卸内部轴承__________，用__________将卡环取出
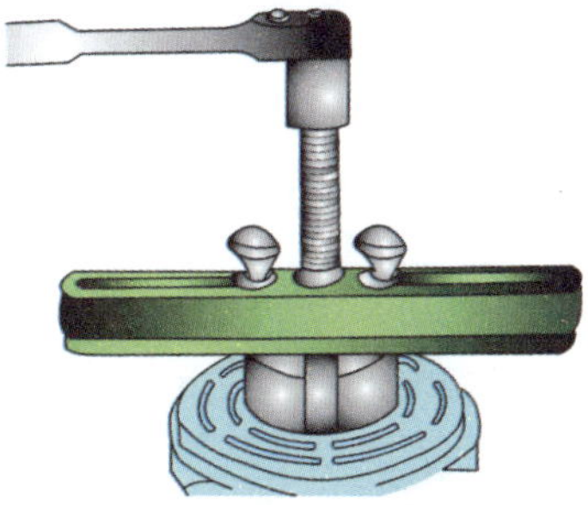	拆卸__________，将专用工具组合成左图所示的二爪拉马形式，轻轻钩住皮带盘的__________，注意两侧夹持部位应在__________转动，使皮带盘脱出
安装：按与拆卸相反的顺序进行离合器的安装	

四、压缩机电磁离合器控制电路

压缩机电磁离合器控制电路如图 2–7–5 所示，回答下列问题。

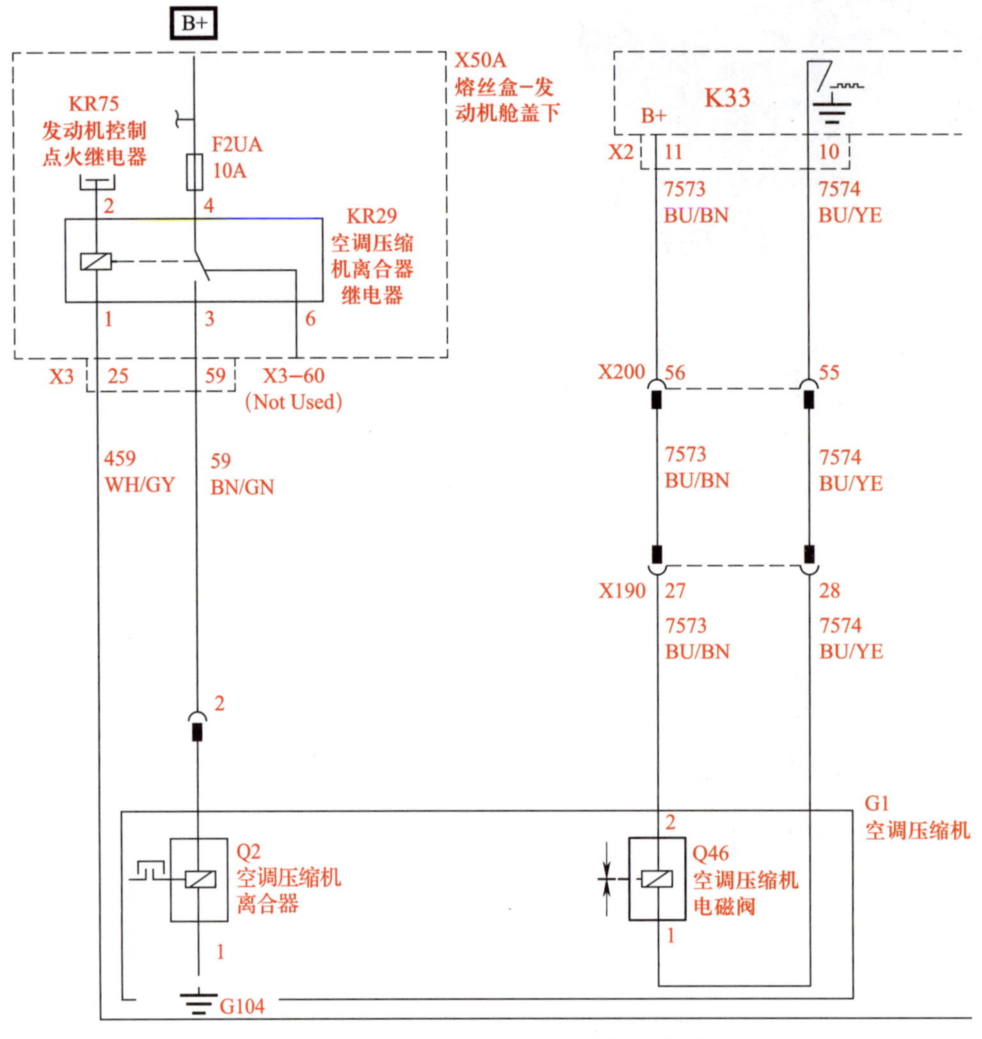

图 2–7–5　压缩机电磁离合器控制电路

1．工作电路分析：空调压缩机电磁离合器的________是通过________空调压缩机继电器的________来电，电磁离合器____________直接通过________与车身搭铁；空调压缩机继电器开关的来电端是________，由 B+ 来电通过____________保护；空调压缩机继电器的线圈正极__________由发动机控制点火继电器____________供电，经__________由发动机控制模块____________号端子控制搭铁。

2．B+ 是__________，F2UA 是____________，KR75 是____________，KR29 是____________，X3/25 的是__________，X3/59 的是__________，G104 是__________。

3．对照图 2–7–5，在表 2–7–2 中写出电磁离合器控制电路中的电气控制元件的名称及作用。

表 2-7-2　　电磁离合器电气控制元件

名称	作用
熔丝 F2UA	保护空调控制电路，防止电流过大损坏电路

五、压缩机电磁离合器的检修

1．压缩机电磁离合器的检查

查阅维修手册和相关资料，完成对压缩机电磁离合器检查内容的描述。

（1）检查离合器从动盘（前压板）是否变形，摩擦表面是否有因过热和打滑而引起的刮痕，如有，应__________（更换 / 修理）带轮总成。如果摩擦表面有油垢或脏污，应清洗干净。

（2）检查带轮轴承是否松旷，转动是否平稳且无杂声，如有损坏，应及时__________（更换 / 修理）。

（3）轮毂与带轮之间的间隙要符合要求（一般为 0.3 ~ 0.6 mm），如不合适，应进行__________（调节 / 更换）。

2．压缩机电磁离合器的检测

（1）电阻的检测。将点火开关置于__________挡，拔下电磁离合器导线连接器，用万用表欧姆挡测量________________针脚与____________针脚之间的电阻，电阻值为__________。

（2）将点火开关置于__________挡，用万用表检测__________针脚与__________针脚之间的电压，电压值在 A/C 开关关闭时应为__________，在 A/C 开关打开时应为__________，在空调风扇低速运转时应为____________________。

六、压缩机电磁离合器常见故障

1．分析故障原因

查阅资料，在表 2-7-3 中写出汽车空调压缩机电磁离合器常见故障可能的故障原因。

表 2-7-3　　分析故障原因

故障现象	可能的故障原因
电磁离合器异响	

续表

故障现象	可能的故障原因
电磁离合器不工作	

2．制定维修方案

根据任务要求，制定小组维修方案。

（1）根据具体工作内容，明确小组成员分工，填写表 2-7-4。

表 2-7-4　　小组成员分工

姓名	分工

（2）根据要求列出维修所需主要工具及材料清单，填写表 2-7-5。

表 2-7-5　　维修所需主要工具及材料清单

序号	工具及材料名称	单位	数量	备注

（3）根据小组分工情况及客户要求，制定具体的维修工序，填写表 2-7-6。

表 2-7-6　　维修工序安排

序号	维修工序内容	备注

续表

序号	维修工序内容	备注

七、学习过程评价

学习过程评价见表 2-7-7。

表 2-7-7　学习过程评价表

班级		姓名		学号		日期	年　月　日
序号	评价要点				配分	得分	总评
1	能正确识读和填写工作页，明确学习活动要求				10		A □（86 ~ 100） B □（76 ~ 85） C □（60 ~ 75） D □（60 以下）
2	能查阅资料，写出压缩机电磁离合器的结构及工作原理				10		
3	能查阅资料，写出压缩机电磁离合器的控制原理				10		
4	能按规范流程，完成压缩机电磁离合器的拆装与检修				20		
5	能识读压缩机电磁离合器控制电路图				10		
6	能分析压缩机电磁离合器常见故障				10		
7	能遵守劳动纪律，以积极的态度接受工作任务				10		
8	能积极参与小组讨论，发挥团队合作精神				10		
9	能及时完成教师布置的任务				10		
总　分					100		
小结建议							

学习活动 8　工作总结与评价

学习目标

1. 能以小组形式，对学习过程和成果进行总结。
2. 能完成对学习过程的综合评价。

建议学时：2 学时。

学习过程

一、工作总结

在世界技能大赛中，要求选手具有一定的组织规划、沟通、创新等能力，这在实际的生产工作中是十分必要的。以小组为单位，选择演示文稿、展板、海报、视频等形式中的一种或几种，向全班展示、汇报学习成果。

二、综合评价

针对本任务的学习情况，根据表 2–8–1 所列综合评价标准进行评分。

表 2–8–1　综合评价标准

评价项目	评价内容及标准	配分	评分		
			自我评价	小组评价	教师评价
工作组织和管理	团队合作，合理计划，高效管理时间	3			
	定期检查工作进展和效果	3			
	保证高质量完成工作	4			
沟通能力	深度咨询客户，完全理解其要求	10			
	提供明确说明，准确回答客户疑问	10			
计划创新能力	及时处理工作中遇到的问题	10			
	提出创新性、可行性建议，提高客户满意度	10			
专业知识	具备汽车空调制冷系统原理知识	10			
	具备汽车空调不制冷故障检修知识	10			

续表

评价项目	评价内容及标准	配分	评分		
			自我评价	小组评价	教师评价
实践能力	具备制冷剂纯度分析技能	5			
	具备汽车空调压缩机检修技能	5			
	具备汽车空调冷凝器检修技能	5			
	具备汽车空调储液干燥器检修技能	5			
	具备汽车空调节流装置检修技能	5			
	具备汽车空调风扇检修技能	5			
学生姓名		综合评价得分			
指导教师		日期			

三、学习任务二整体评价

学习任务二整体评价见表 2-8-2。

表 2-8-2　　学习任务二整体评价表

项目	自我评价			小组评价			教师评价		
	10 ~ 9 分	8 ~ 6 分	5 ~ 1 分	10 ~ 9 分	8 ~ 6 分	5 ~ 1 分	10 ~ 9 分	8 ~ 6 分	5 ~ 1 分
	占总评 10%			占总评 30%			占总评 60%		
学习活动 1									
学习活动 2									
学习活动 3									
学习活动 4									
学习活动 5									
学习活动 6									
学习活动 7									
学习活动 8									
协作精神									
纪律观念									
表达与分析能力									
工作态度									
任务总体表现									
小计分									
总评分									

世赛知识

世界技能大赛汽车技术项目介绍

汽车技术项目是指选手在汽修车间进行汽车检测、故障诊断以及维护修理的竞赛项目。比赛中对选手的技能要求主要包括：目视检查，使用测试仪器与故障诊断仪器进行测量、检测，对数据（流）进行分析，诊断车辆各系统的故障并排除；具备系统的逻辑思维能力，能进行电气系统的构建与测试；可完成制动稳定性控制系统、悬挂及转向系统、发动机机械性能测试与修理，具备传动装置和组件维护、柴油系统和汽油发动机管理等问题的诊断及维护能力。

竞赛能力要求如下：

世界技能大赛技术说明文件规定了项目技能和职业最高国际水平的知识和能力要求，反映了对相关工作角色和职业理解的国际共识，详见表 2-8-3。在世界技能大赛中，有关项目技能的知识和理解将主要通过选手的技能表现予以考核，不设单独的理论比赛考核模块。

表 2-8-3 竞赛能力要求

序号	能力要求	配分及得分
1	工作组织和管理	10%
（1）	选手需要知道和理解： ○所有设备的功能、使用、保养以及安全事项 ○所用材料和化学品的用途、使用、保管以及潜在风险 ○相关操作的困难和风险，及其产生的原因和预防措施 ○制订工作计划时需要考量的参数 ○任何时间都应遵守的健康和安全标准 ○环保和安全准则，保持工作环境整洁	
（2）	选手应该能够： ○准备并维护安全、整洁和高效的工作台 ○准备好个人健康和安全相关的工作 ○计划、准备并按时完成每一项任务 ○计划好工作并高效实施，避免中断 ○遵循厂家要求选择、使用设备和材料，确保安全 ○遵循厂家要求清洁、储存和测试设备和材料，确保安全 ○遵循或超过有关环保、设备和材料的健康和安全标准 ○将工作场地和车辆恢复到良好的状态和条件	
2	沟通和交流	10%
（1）	选手需要知道和理解： ○相关的纸质或电子形式技术文件及其内容 ○与技能有关的专业语言（术语） ○以口头、书写或电子形式汇报交流的规范 ○测量仪器输出结果和结论的本质含义 ○客户服务和沟通的规范	

续表

序号	能力要求	配分及得分
2	沟通和交流	10%
（2）	选手应该能够： ○从各种形式的维修资料中读取技术数据和相关说明 ○在工作场所，以规范的书写或电子形式进行沟通 ○以口头、书写或电子形式沟通，确保清晰、有效、高效 ○使用一些规范的沟通技巧 ○填写报告单，对出现的事件和问题做出回应 ○直接或间接地对客户的需求做出回应	
3	电气、机械及机电系统	25%
（1）	选手需要知道和理解： ○火花点火式和压燃式发动机管理系统 ○发动机机械系统 ○混合 / 电动车辆系统 ○进气增压和排气系统 ○车身电气和电子系统 ○制动和稳定控制系统 ○悬架和转向系统 ○传动系统 ○采暖通风和空调系统 ○安全气囊和 SRS 系统 ○车载电子产品（娱乐系统） ○各系统之间的关联性及相互影响 ○不同管理系统之间传感器和信息的互通	
（2）	选手应该能够： ○使用测试仪器测量、检查和诊断机械故障和 / 或电子故障 ○通过测试辨别和隔离故障	
4	检查和诊断	35%
（1）	选手需要知道和理解： ○正确使用和理解相关测量装置和设备 ○所有相关数值和数学计算的原理和应用 ○专业诊断程序、工具和设备的原理和应用	
（2）	选手应该能够： ○校准和使用所有测量装置和设备并将其用于诊断 ○精确定位轻型车辆零件故障 ○选择和应用恰当的装置和设备检验和诊断以下系统的缺陷和故障： · 火花点火系统 · 进气增压和排气系统 · 车身电气 / 电子系统 · 制动和稳定控制系统 · 悬架和转向系统 · 传动系统	

续表

序号	能力要求	配分及得分
5	修理、大修和养护	20%
（1）	选手需要知道和理解： ○选择维修或替换 ○维修方法 / 程序、专用工具使用要求 ○其他车辆系统和相关维修工作能达到的效果	
（2）	选手应该能够： ○按要求使用制造商和零件提供商要求的规格 ○针对维修或替换操作构建并提出可行的建议和决定 ○采用正确的程序安装替换零件 ○维修车辆电气系统和电路，维修 / 检修充电和起动系统 ○维修 / 检修液压制动系统（盘式和鼓式）和 / 或相关零件，包括驻车制动器 ○维修电控防抱死制动和稳定控制系统 ○移除 / 检修传动零部件 ○维修 / 检修转向系统 / 零部件，包括机械、电气和液压动力辅助转向系统 ○维修悬架系统和相关零部件 ○执行转向盘操作 ○维修 / 检修四冲程发动机和相关零部件	
总分值		100

学习任务三　汽车空调鼓风机不工作故障检修

学习目标

1. 能描述汽车空调鼓风机的功能及安装位置。
2. 能描述汽车空调鼓风机各部件的作用、组成及结构。
3. 能完成汽车手动空调控制开关的检查与更换。
4. 能完成汽车自动空调控制开关的检查与更换。
5. 能完成汽车空调鼓风机的拆卸与安装。
6. 能识读汽车空调鼓风机控制电路图。
7. 能完成汽车空调鼓风机控制电路的测量。
8. 能分析汽车空调鼓风机简单故障。
9. 能对维修场地设备进行日常维护保养，按6S管理规定要求清理现场。
10. 能对相关资料进行检索，完成维修工单、工作页的填写。
11. 能展示工作成果，进行任务评价，总结工作经验，优化检修方案。
12. 能在作业过程中严格执行企业操作规范、安全生产制度、环保管理制度，严格遵守从业人员的职业道德，具有吃苦耐劳、爱岗敬业的工作态度和职业责任感。

建议学时

20学时。

工作情境描述

一辆装有手动空调的上汽通用威朗轿车，在夏季行驶过程中，出现汽车空调鼓风机无低速运转故障。故障具体表现为启动发动机，打开空调开关，在低速挡鼓风机不工作，只有在高速挡鼓风机工作。经维修技师检查初步判断为汽车空调鼓风机串联电阻故障。汽车维修人员需要根据维修手册相关要求，在规定时间内，参照维修资料完成汽车空调系统的检查与零部件的更换工作，自检合格后交付班组长验收。

工作流程与活动

1. 汽车空调鼓风机部件认知（2 学时）
2. 汽车空调控制开关的检查与更换（6 学时）
3. 汽车空调鼓风机控制电路简单故障检修（10 学时）
4. 工作总结与评价（2 学时）

思维导图

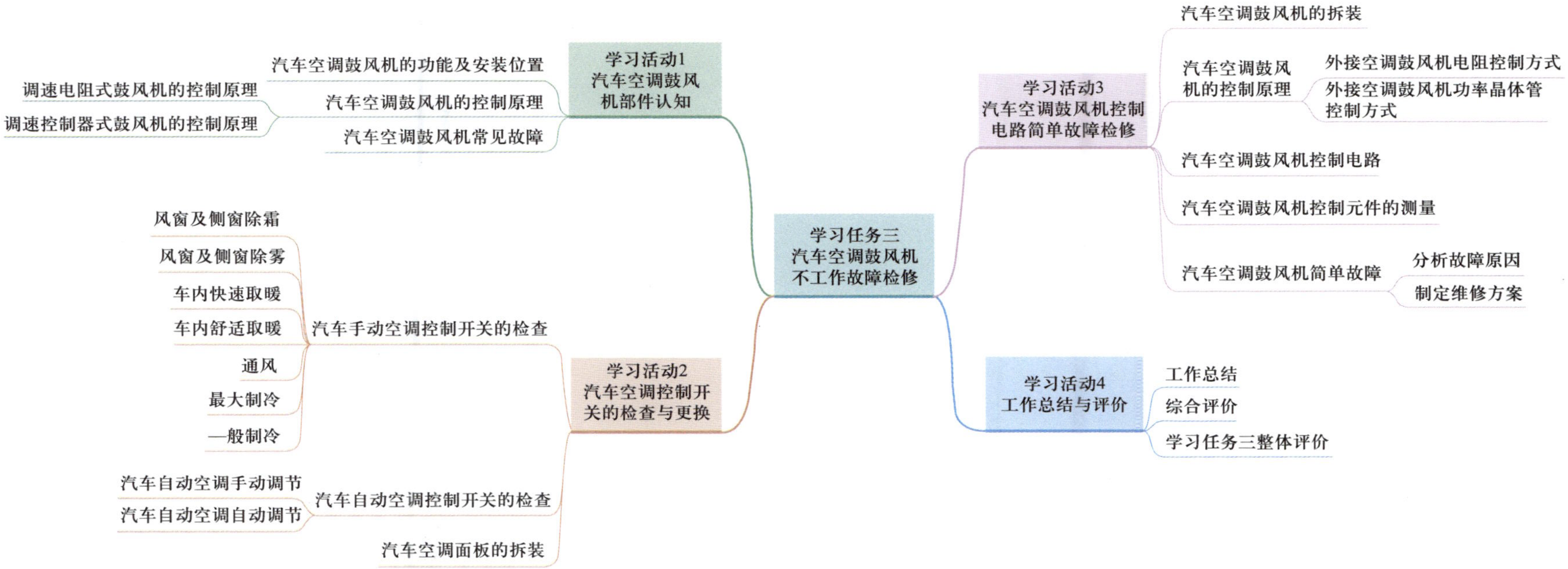

- 学习任务三 汽车空调鼓风机不工作故障检修
  - 学习活动1 汽车空调鼓风机部件认知
    - 汽车空调鼓风机的功能及安装位置
    - 汽车空调鼓风机的控制原理
      - 调速电阻式鼓风机的控制原理
      - 调速控制器式鼓风机的控制原理
    - 汽车空调鼓风机常见故障
  - 学习活动2 汽车空调控制开关的检查与更换
    - 汽车手动空调控制开关的检查
      - 风窗及侧窗除霜
      - 风窗及侧窗除雾
      - 车内快速取暖
      - 车内舒适取暖
      - 通风
      - 最大制冷
      - 一般制冷
    - 汽车自动空调控制开关的检查
      - 汽车自动空调手动调节
      - 汽车自动空调自动调节
    - 汽车空调面板的拆装
  - 学习活动3 汽车空调鼓风机控制电路简单故障检修
    - 汽车空调鼓风机的拆装
    - 汽车空调鼓风机的控制原理
      - 外接空调鼓风机电阻控制方式
      - 外接空调鼓风机功率晶体管控制方式
    - 汽车空调鼓风机控制电路
    - 汽车空调鼓风机控制元件的测量
    - 汽车空调鼓风机简单故障
      - 分析故障原因
      - 制定维修方案
  - 学习活动4 工作总结与评价
    - 工作总结
    - 综合评价
    - 学习任务三整体评价

学习活动 1　汽车空调鼓风机部件认知

学习目标

1. 能描述汽车空调鼓风机的功能及安装位置。
2. 能描述汽车空调鼓风机的控制原理。
3. 能分析汽车空调鼓风机常见故障。

建议学时：2 学时。

学习过程

一、汽车空调鼓风机的功能及安装位置

汽车空调鼓风机如图 3–1–1 所示，其主要功能是通过空调系统的____________向驾驶室__________，实现外界与车厢内__________、________交换。

汽车空调鼓风机的电动机是典型的______________，一般通过改变________的大小来改变________。鼓风机一般安装在____________。

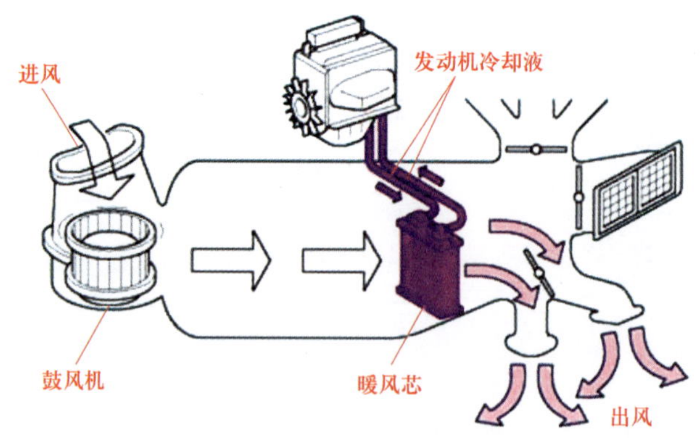

图 3–1–1　汽车空调鼓风机

二、汽车空调鼓风机的控制原理

1．调速电阻式鼓风机的控制原理

如图 3–1–2 所示，通过改变鼓风机开关与____________的接通方式可使鼓风机以四种不同的转速工作。

当鼓风机开关处于 0 位时，鼓风机________；当鼓风机开关处于 1 位时，鼓风机电路中串联了________，鼓风机________运转；当鼓风机开关处于 2 位时，鼓风机电路中串联了________，鼓风机________运转；当鼓风机开关处于 3 位时，鼓风机电路中只串联了________，鼓风机________运转；当鼓风机开关处于 4 位时，鼓风机电路中____________，鼓风机________。

由以上原理可知，若调速电阻________，鼓风机处于__________，可以正常工作，鼓风机开关处于 1、2、3 位时至少有____________________。调速电阻一般安装在____________________。

2．调速控制器式鼓风机的控制原理

如图 3-1-3 所示，空调控制单元通过____________向调速控制器发送__________信号，以改变鼓风机的____________，从而改变鼓风机____________。

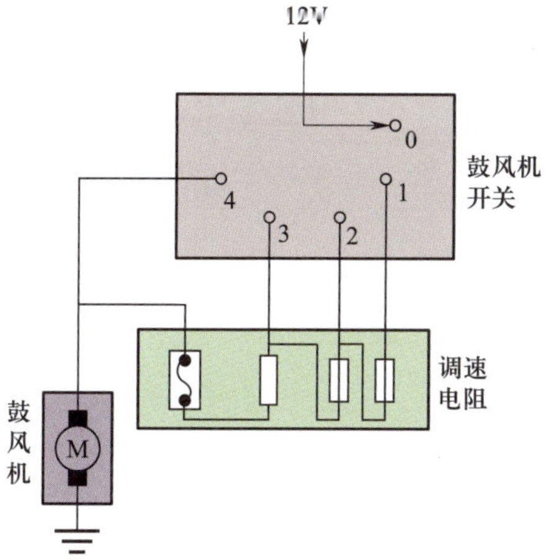

图 3-1-2　调速电阻式鼓风机的控制原理

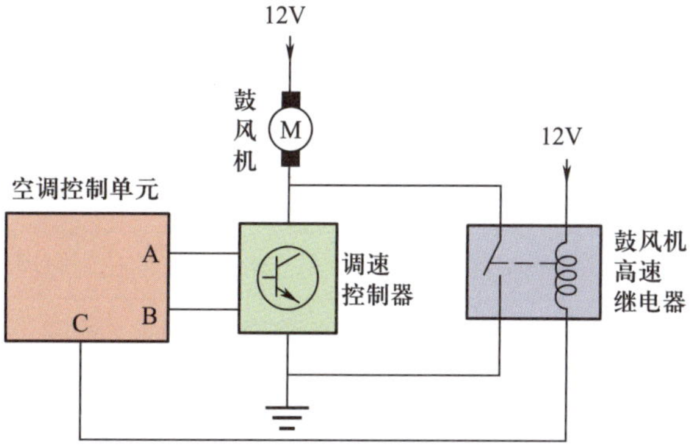

图 3-1-3　调速控制器式鼓风机的控制原理

PWM 占空比信号越大，鼓风机转速_____________；反之，鼓风机转速越____________。空调控制单元通过____________接收鼓风机工作时的____________，以反馈鼓风机的实际工作情况。采用____________控制鼓风机转速，可以实现鼓风机转速的____________。在有些车型上还设有鼓风机____________，空调控制单元通过控制________搭铁，使鼓风机________，这样即使调速控制器________，鼓风机仍能__________。

三、汽车空调鼓风机常见故障

查阅资料，在表 3-1-1 中写出汽车空调鼓风机常见故障现象及可能的故障原因。

表 3-1-1　分析故障原因

故障现象	可能的故障原因

续表

故障现象	可能的故障原因

四、学习过程评价

学习过程评价见表 3–1–2。

表 3–1–2　学习过程评价表

班级		姓名		学号		日期	年　月　日
序号	评价要点				配分	得分	总评
1	能正确识读和填写工作页，明确学习活动要求				10		A □（86 ~ 100） B □（76 ~ 85） C □（60 ~ 75） D □（60 以下）
2	能查阅资料，写出汽车空调鼓风机的功能及安装位置				20		
3	能查阅资料，写出汽车空调鼓风机的控制原理				20		
4	能查阅资料，分析汽车空调鼓风机常见故障				20		
5	能遵守劳动纪律，以积极的态度接受工作任务				10		
6	能积极参与小组讨论，发挥团队合作精神				10		
7	能及时完成教师布置的任务				10		
总　分					100		
小结 建议							

学习活动 2 汽车空调控制开关的检查与更换

学习目标

1. 能完成汽车手动空调控制开关的检查与更换。
2. 能完成汽车自动空调控制开关的检查与更换。

建议学时：6 学时。

学习过程

一、汽车手动空调控制开关的检查

汽车手动空调操作面板如图 3-2-1 所示，按照以下步骤要求进行正确操作。

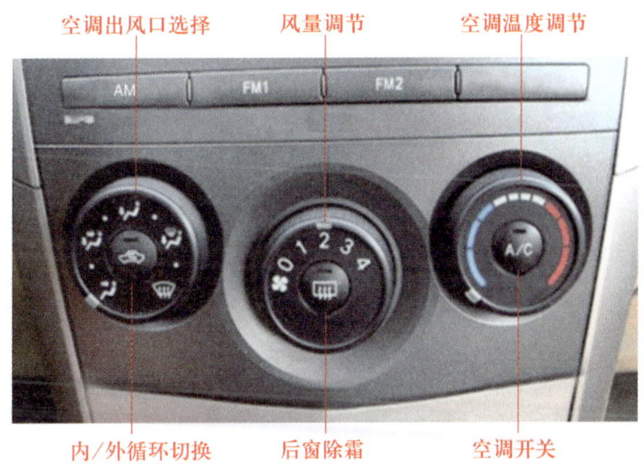

图 3-2-1 汽车手动空调操作面板

1．风窗及侧窗除霜

冬季，汽车在室外停放______，第二天风窗玻璃经常会出现________现象，此时建议做下列调节：

（1）将________选择旋钮调至____________。

（2）将空调风量开至____________。

（3）将温度调至____________。

2．风窗及侧窗除雾

由于空气________致使玻璃和车窗__________时，建议做下列调节：

（1）将出风模式选择旋钮调至________________。

（2）根据温度情况，将温度调节旋钮调至合适的____________。

（3）将空调风量开至____________。

（4）将空调开至__________模式，使____________，从而能够快速、有效地消除风窗及__________，确保__________。

3．车内快速取暖

如果希望将车厢内的温度__________至某一高温状态，建议做下列调节：

（1）将出风模式选择旋钮调至__________。

（2）将温度调至__________。

（3）将鼓风机风量开至__________。

（4）开启__________。

4．车内舒适取暖

当车窗已__________，所需温度已达到时，建议用以下取暖方式：

（1）将出风模式选择旋钮调至________________。

（2）根据温度情况，将温度调节旋钮调至____________。

（3）将鼓风机风量开至合适的____________。

5．通风

暖风切断后，关闭______，进入____________，各出风口输出的都是新鲜____________。

6．最大制冷

当车外环境温度______，希望将车厢温度最大限度______时，建议做下列调节：

（1）关闭________________。

（2）将空调开至__________，使______________ A/C ______。

（3）将出风模式选择旋钮调至________________。

（4）将温度调至__________。

（5）将鼓风机风量开至__________。

（6）正面出风口如图 3-2-2 所示，将拨叉调至__________。

图 3-2-2　正面出风口

7．一般制冷

（1）将空调开至__________，使____________________A/C_________。

（2）将出风模式选择旋钮调至__________。

（3）根据__________情况，将温度调节旋钮调至______________。

（4）将鼓风机风量开至__________。

（5）正面出风口拨叉可以选择性位于________________，但必须有一个出风口__________，否则制冷系统将__________，或导致__________。

二、汽车自动空调控制开关的检查

汽车自动空调操作面板如图 3-2-3 所示，按照以下步骤要求进行操作。

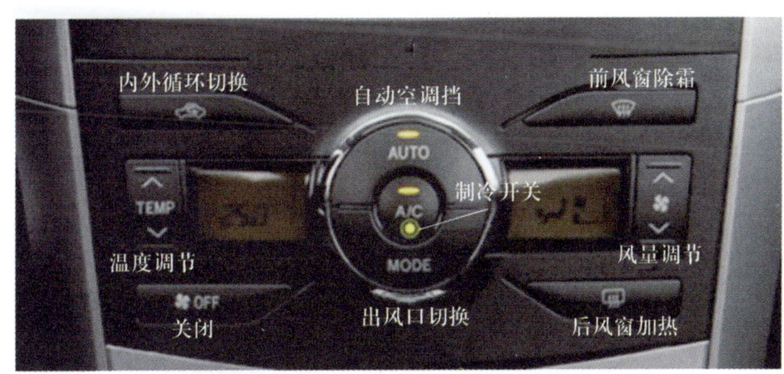

图 3-2-3　汽车自动空调操作面板

1．汽车自动空调手动调节

出风口和鼓风机转速根据温度设置________________。

（1）调节温度设置：按下开关上的_______温度，按下_______温度。

（2）调节鼓风机转速：按下开关上的_______风扇转速，按下_______风扇转速，风扇转速显示在屏幕上。按下 OFF ______________。

（3）改变出风口：按下__________，每按一下此按钮，可切换__________。显示屏上显示的气流说明如下。

1）：______________________。

2）：______________________。

3）：______________________。

4）：______________________。

（4）在_______空气模式和________再循环模式之间切换时按下按钮，每按一下此按钮，即在__________和____________之间切换。如果长时间采用空气再循环模式，则车窗更容易____________。

2．汽车自动空调自动调节

使用自动模式时，需按下________键，鼓风机转速根据__________设置和环境状况________________。因此，可能发生下列情况：

（1）在夏季，当选择__________设置时，系统将________到________模式。

（2）按下“AUTO”键后，__________可能不会立即转动，直到________或________已准备妥当才会进行________________。

（3）加热器__________时，________可能会吹向__________。

三、汽车空调面板的拆装

汽车空调面板的拆装流程见表 3–2–1，完成表中所缺内容。

表 3–2–1　　汽车空调面板的拆装流程

顺序	拆装步骤	图片
1	拆卸蓄电池____________	
2	拆卸____________	
3	拆卸____________	
4	安装：按与拆卸相反的顺序安装汽车空调面板	

四、学习过程评价

学习过程评价见表 3–2–2。

表 3–2–2　学习过程评价表

班级		姓名		学号		日期	年　月　日
序号	评价要点				配分	得分	总评
1	能正确识读和填写工作页，明确学习活动要求				10		A □（86 ~ 100） B □（76 ~ 85） C □（60 ~ 75） D □（60 以下）
2	能按规范流程，完成汽车手动空调控制开关的检查				20		
3	能按规范流程，完成汽车自动空调控制开关的检查				20		
4	能按规范流程，完成汽车空调面板的拆装				20		
5	能遵守劳动纪律，以积极的态度接受工作任务				10		
6	能积极参与小组讨论，发挥团队合作精神				10		
7	能及时完成教师布置的任务				10		
总　分					100		
小结建议							

学习活动 3　汽车空调鼓风机控制电路简单故障检修

学习目标

1. 能完成汽车空调鼓风机的拆卸及安装。
2. 能识读汽车空调鼓风机控制电路图。
3. 能完成汽车空调鼓风机控制电路的测量。
4. 能分析汽车空调鼓风机简单故障。

建议学时：10 学时。

学习过程

一、汽车空调鼓风机的拆装

汽车空调鼓风机的拆装流程见表 3–3–1，完成表中所缺内容。

表 3–3–1　　汽车空调鼓风机的拆装流程

顺序	拆装步骤	图片
1	拆卸蓄电池____________	
2	拆卸手套箱下部的____________	

续表

顺序	拆装步骤	图片
3	拆卸白色箭头处的__________，并拔下鼓风机__________	
4	逆时针转动__________，向外拉动并拆下__________	
5	安装：按与拆卸相反的顺序安装汽车空调鼓风机	

二、汽车空调鼓风机的控制原理

1．外接空调鼓风机电阻控制方式

鼓风机电阻________（串联、并联）在鼓风机开关与________之间，通过改变电阻值的大小，可以改变电动机________，达到改变转速的目的，如图 3-3-1a 所示。

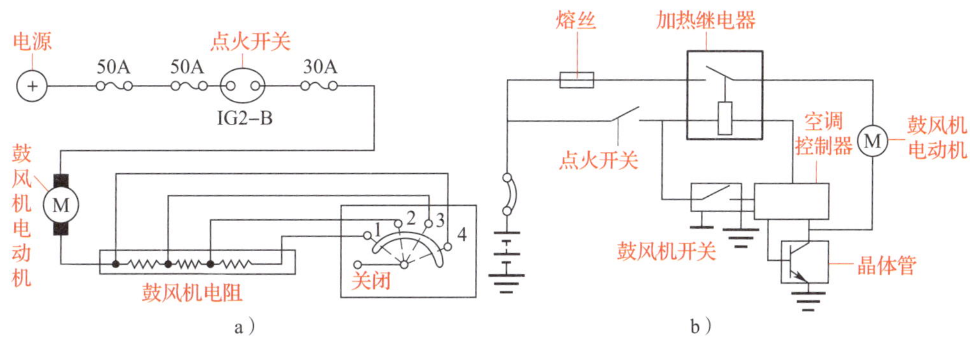

图 3-3-1　鼓风机电路控制原理

a）外接鼓风机电阻控制方式　b）外接空调鼓风机功率晶体管控制方式

2．外接空调鼓风机功率晶体管控制方式

利用晶体管放大特性，通过改变晶体管________电流的大小，使鼓风机在不同的转速下工作，如图 3–3–1b 所示。

三、汽车空调鼓风机控制电路

汽车空调鼓风机控制电路如图 3–3–2 所示，回答下列问题。

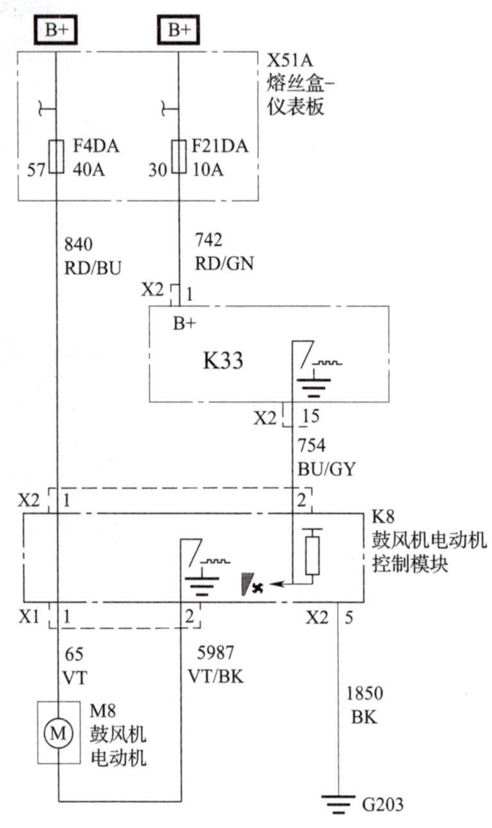

图 3–3–2　汽车空调鼓风机控制电路图

1．工作电路分析：鼓风机电动机控制处理器通过______或__________鼓风机电动机__________来控制鼓风机电动机的________。__________通过鼓风机电动机转速控制电路控制处理器提供____________信号。当所需的鼓风机转速____________时，HVAC 控制模块增加______________调节至搭铁的________。当所需的鼓风机转速________时，HVAC 控制模块将________转速信号调节至搭铁的________。

2．B+ 是____________，F4DA 是____________，F21DA 是____________，K33 是____________，X2/1 的功能是____________，X2/15 的功能是____________，X2/5 的功能是____________。

3．对照汽车空调鼓风机控制电路图，在表 3–3–2 中写出汽车空调鼓风机控制电路中电气控制元件的名称及作用。

表 3-3-2 汽车空调鼓风机电气控制元件

名称	作用
熔丝 F4DA	保护空调控制电路，防止电流过大损坏电路

四、汽车空调鼓风机控制元件的测量

根据图 3-3-3，完成鼓风机控制元件的测量。

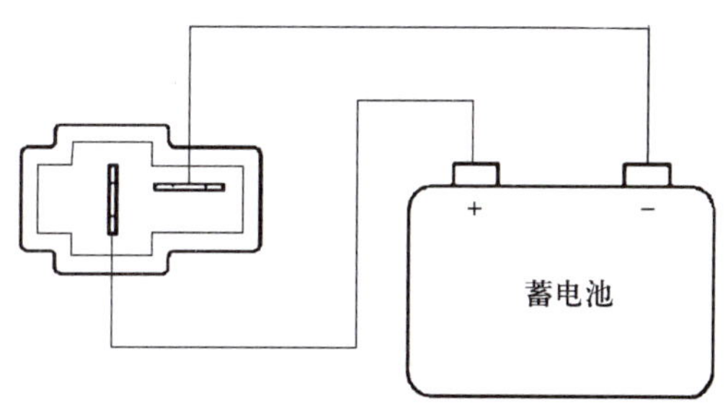

图 3-3-3 鼓风机控制元件的测量

1．连接蓄电池电压，检查鼓风机电动机的转动情况。

2．检查熔丝 / 继电器盒中主熔丝的情况：

F4DA 的电阻值：________________ □正常 □不正常

F21DA 的电阻值：_______________ □正常 □不正常

3．操作鼓风机风速开关，鼓风机各挡位状态：□正常 □不正常

4．检测鼓风机 X2/1 脚电压：________________ □正常 □不正常

5．检测鼓风机 X2/2 脚电压：________________ □正常 □不正常

6．检测鼓风机 X1/1 脚电压：________________ □正常 □不正常

7．检测鼓风机 X1/2 脚电压：________________ □正常 □不正常

8．检测鼓风机 X1/2 脚占空比：______________ □正常 □不正常

9．检测鼓风机 X2/5 脚电压：________________ □正常 □不正常

五、汽车空调鼓风机简单故障

1．分析故障原因

查阅资料，在表 3-3-3 中写出汽车空调鼓风机简单故障可能的故障原因。

表 3–3–3　　分析故障原因

故障现象	可能的故障原因
汽车空调鼓风机简单故障	

2．制定维修方案

根据任务要求，制定小组维修方案。

（1）根据具体工作内容，明确小组成员分工，填写表 3–3–4。

表 3–3–4　　小组成员分工

姓名	分工

（2）根据要求列出维修所需主要工具及材料清单，填写表 3–3–5。

表 3–3–5　　维修所需主要工具及材料清单

序号	工具及材料名称	单位	数量	备注

（3）根据小组分工情况及客户要求，制定具体的维修工序，填写表 3–3–6。

表 3–3–6　　维修工序安排

序号	维修工序内容	备注

续表

序号	维修工序内容	备注

六、学习过程评价

学习过程评价见表 3–3–7。

表 3–3–7 学习过程评价表

<table>
<tr><td>班级</td><td></td><td>姓名</td><td></td><td>学号</td><td></td><td>日期</td><td>年 月 日</td></tr>
<tr><td>序号</td><td colspan="5">评价要点</td><td>配分</td><td>得分</td><td>总评</td></tr>
<tr><td>1</td><td colspan="5">能正确识读和填写工作页，明确学习活动要求</td><td>10</td><td></td><td rowspan="10">A □（86 ~ 100）
B □（76 ~ 85）
C □（60 ~ 75）
D □（60 以下）</td></tr>
<tr><td>2</td><td colspan="5">能查阅资料，写出汽车空调鼓风机的控制原理</td><td>10</td><td></td></tr>
<tr><td>3</td><td colspan="5">能按规范流程，完成汽车空调鼓风机的拆装</td><td>15</td><td></td></tr>
<tr><td>4</td><td colspan="5">能识读汽车空调鼓风机控制电路图</td><td>10</td><td></td></tr>
<tr><td>5</td><td colspan="5">能按规范流程，完成汽车空调鼓风机控制元件的测量</td><td>10</td><td></td></tr>
<tr><td>6</td><td colspan="5">能查阅资料，分析汽车空调鼓风机简单故障原因，制定维修方案</td><td>15</td><td></td></tr>
<tr><td>7</td><td colspan="5">能遵守劳动纪律，以积极的态度接受工作任务</td><td>10</td><td></td></tr>
<tr><td>8</td><td colspan="5">能积极参与小组讨论，发挥团队合作精神</td><td>10</td><td></td></tr>
<tr><td>9</td><td colspan="5">能及时完成教师布置的任务</td><td>10</td><td></td></tr>
<tr><td colspan="6">总 分</td><td>100</td><td></td></tr>
<tr><td>小结
建议</td><td colspan="8"></td></tr>
</table>

学习活动 4　工作总结与评价

学习目标

1. 能以小组形式，对学习过程和成果进行总结。
2. 能完成对学习过程的综合评价。

建议学时：2 学时。

学习过程

一、工作总结

在世界技能大赛中，要求选手具有一定的组织规划、沟通、创新等能力，这在实际的生产工作中是十分必要的。以小组为单位，选择演示文稿、展板、海报、视频等形式中的一种或几种，向全班展示、汇报学习成果。

二、综合评价

针对本任务的学习情况，根据表 3-4-1 所列综合评价标准进行评分。

表 3-4-1　综合评价标准

评价项目	评价内容及标准	配分	评分		
			自我评价	小组评价	教师评价
工作组织和管理	团队合作，合理计划，高效管理时间	3			
	定期检查工作进展和效果	3			
	保证高质量完成工作	4			
沟通能力	深度咨询客户，完全理解其要求	10			
	提供明确说明，准确回答客户疑问	10			
计划创新能力	及时处理工作中遇到的问题	10			
	提出创新性、可行性建议，提高客户满意度	10			

续表

评价项目	评价内容及标准	配分	评分		
			自我评价	小组评价	教师评价
专业知识	具备汽车空调鼓风机结构及工作原理等知识	10			
	具备汽车空调鼓风机不工作故障检修知识	10			
实践能力	具备汽车空调鼓风机的检修技能	10			
	具备汽车手动空调控制开关的检修技能	10			
	具备汽车自动空调控制开关的检修技能	10			
学生姓名		综合评价得分			
指导教师		日期			

三、学习任务三整体评价

学习任务三整体评价见表 3–4–2。

表 3–4–2 学习任务三整体评价表

项目	自我评价			小组评价			教师评价		
	10 ~ 9 分	8 ~ 6 分	5 ~ 1 分	10 ~ 9 分	8 ~ 6 分	5 ~ 1 分	10 ~ 9 分	8 ~ 6 分	5 ~ 1 分
	占总评 10%			占总评 30%			占总评 60%		
学习活动 1									
学习活动 2									
学习活动 3									
学习活动 4									
协作精神									
纪律观念									
表达与分析能力									
工作态度									
任务总体表现									
小计分									
总评分									

世赛知识

汽车空调简单故障检修在世赛汽车技术项目中的应用

汽车技术项目是世界技能大赛中参赛国家最多的项目，也是竞争最激烈的项目之一。本项目考核汽车维修企业汽车维修技师岗位的职业能力。

汽车维修技师一般受雇于一家品牌汽车服务 4S 店或综合维修厂，汽车维修技师的专业知识和技能可能主要集中于单一品牌，也可能需要承担多个品牌汽车的维修工作。汽车维修技师的主要工作为检测、诊断、维护、修理及更换零部件。在汽车维修企业，汽车维修技师的工作要求是快速、准确地诊断故障并完成维修工作。汽车维修技师应掌握汽车机械、电气、电子、控制以及各系统集成的知识，具有对各种车型熟练操作的技能，并具备良好的体能。汽车技术项目竞赛全面地展现了年轻汽车维修技师的职业技能和职业素养，引领汽车维修职业教育和汽车维修行业的发展。

第 46 届世界技能大赛汽车技术项目参照世界技能大赛的技术要求，考核 9 个模块，包括：A 发动机管理，B 发动机诊断，C 车身电气，D 电气构建，E 制动系统，F 定位、转向与悬架，G 发动机测试，H 发动机测量，I 新能源汽车。各模块的配分比例参照第 45 届世界技能大赛设定，考试时间和配分比例详见表 3–4–3。比赛在三天内完成，比赛时间总计 12 小时。

表 3–4–3　　竞赛项目考核模块及配分比例

第 46 届世界技能大赛汽车技术项目			第 45 届世界技能大赛汽车技术项目		
考核模块	考试时间	配分比例	考核模块	考试时间	配分比例
A 发动机管理	1.5 小时	15%	A 发动机管理	2 小时	15%
B 发动机诊断	1.5 小时	15%	B 发动机诊断	2 小时	15%
C 车身电气	1.5 小时	15%	C 车身电气	2 小时	15%
D 电气构建	1.5 小时	12%	D 电气构建	2 小时	15%
E 制动系统	1 小时	10%	E 制动系统	2 小时	10%
F 定位、转向与悬架	1.5 小时	10%	F 定位、转向与悬架	1.5 小时	7%
G 发动机测试	1.5 小时	10%	G 发动机测试	2 小时	10%
H 发动机测量	1.5 小时	10%	H 发动机测量	2 小时	10%
I 新能源汽车	0.5 小时	3%	I 新能源汽车	0.5 小时	3%
合计	12 小时	100%	合计	16 小时	100%

汽车空调简单故障检修是 C 车身电气模块及 D 电气构建模块中的基本考核技能，参赛选手需要应用汽车空调系统原理知识完成汽车空调系统电路构建、汽车空调系统性能检查、故障诊断等工作。下面为第 45

届世界技能大赛汽车技术项目中国集训队训练样题。

模块 D：电气构建

使用设备：台架和其他模拟装置及元器件

竞赛时间：2 小时

作业说明：

1．根据报告单的要求，按照维修手册，完成作业（注意：点火开关的额定工作电流为 3 A）。

2．发现问题或检测诊断出故障，都要向裁判报告，由裁判恢复故障。

3．如果选手要切断系统总电源，需切断系统 -12 V 地线（可以集中一点连接地线），不能切断插座交流电源。

4．选手进行每一个模块作业时，要先向裁判报告，完成一个模块，再做下一个模块。

5．选手排除一个故障后，要将故障以元件代号 / 线脚号 / 故障原因的形式简要描述并填写在报告单上，作为作业完成的依据。

6．完成一个项目作业后，向裁判报告，请裁判验收签字，确认完成情况。

7．确保连接电路不能损坏元器件和台架，按现代工业环保、安全、卫生标准完成作业。

作业内容和报告单见表 3-4-4。

表 3-4-4　作业内容和报告单

序号	项目	作业要求和分析记录
1	在威朗电气台架上构建并实现转向灯功能	要求： 1. 根据车辆维修手册独自连线构建 2. 实现前、后、左、右四个转向灯功能 3. 如有故障请检测并排除 故障点： 功能情况：正常（　　）不正常（　　）
2	在威朗电气台架上构建空调控制面板电路，并实现其功能	要求： 1. 根据车辆维修手册独自连线构建 2. 实现空调控制面板的相关挡位功能 3. 如有故障请检测并排除 故障点： 功能情况：正常（　　）不正常（　　）